全新譯本
NEW VERSION

最[illegible]銷
勵[illegible]經典

做個最有吸引力的女人。

卡內基夫人
Dorothy Carnegie

桃樂絲·卡內基 著
逸凡 譯

The Most Attractive Woman in The World

全球超過60個國家，
2000多所教育機構指定必讀

如何在愛情和婚姻中擁有一份完美的兩性關係？
英國女王伊莉莎白二世｜德國總理梅克爾｜美國總統夫人蜜雪兒

桃樂絲・卡內基簡介

桃樂絲・卡內基，二十世紀最偉大的成功學導師戴爾・卡內基的第二任妻子，一九四四年與卡內基結婚，成為其忠實門徒和事業繼承人。作為一名成人教育家的妻子，桃樂絲・卡內基曾經和丈夫一起巡講全球五大洲的五十多個國家，指導和幫助千百萬人如何建立充滿活力的高品質生活。

一九四五年，卡內基創立他的私人公司，他親自擔任總經理，桃樂絲擔任副總經理。同時，卡內基開始編寫一系列關於如何控制憂鬱和煩惱的小冊子，並且在他的課程中重點使用。一九四八年，卡內基把這些小冊子集結成書，定名為《克服煩惱建立新生活的藝術》，銷售量高達六百多萬冊。同年，桃樂絲開始深入參與丈夫的這項事業。

在卡內基的生活中，桃樂絲扮演的角色，首先是一個妻子。桃樂絲之於卡內基，既有普通妻子的溫柔與體貼，也有她獨特的生活方式。作為名人的妻子，桃樂絲無法擺脫丈夫事業的影響，她對丈夫的事業抱持積極的態度，願意為此與丈夫站在一起，繼續擴展輝煌的事業。

為了讓桃樂絲有事可做，以避免因無所事事而產生的煩悶，卡內基建議她為婦女編寫課程。這個建議無意間促成桃樂絲的人生轉折，她開始設立以女人自我發展為內容的桃樂絲・卡內基課程。桃樂絲認為，這個課程不僅是教女人如何產生魅力，也可以拓展女人們的心智水準。

桃樂絲為開創這個事業付出二十年的努力，但是由於非盈利的性質，在二十世紀六〇年代末期，這個課程不得不被迫取消。儘管課程最終以失敗告終，但是促使她寫出自己的第一部著作——一九五三年，灰石出版社發行她的《寫給女人——幫助丈夫獲得成功，而且婚姻幸福》。在書中，桃樂絲結合課程教學參與者的故事，借用一些卡內基用於著作和演說中的案例，告訴女性讀者如何建構和諧幸福的家庭生活。

經典的東西，無論何時聽起來都是令人折服，卡內基夫人的作品正是如此。今天我們再次重溫經典，就是要以自主的心態去展現女性的個人魅力，讓每個女人都可以主宰自己的生活，守護自己應得的幸福。

前言

世界上的每個女人，都渴望自己容顏不老、魅力永駐，就算我們不能擁有令人豔羨的天使臉孔、魔鬼身材，也要有美麗的氣質和精明的頭腦。只要我們願意，就可以駕馭好身邊的男人，不管這個男人是平凡還是偉大、是貧窮抑或富有，只要你掌握足夠的技巧，就可以將他塑造成你想要的模樣，讓家庭生活處於自己的節奏中。

世界著名成功學大師戴爾・卡內基的夫人桃樂絲・卡內基，總結女人成功經驗的時候，歸納出以下十點：

一、發展勇氣、自信、平衡。

二、在家庭、社交、工作中有效地表現自己。

三、提高修養，注重儀表。

四、提高口才和禮儀。

五、拓展視野，鑄就自己的風格。
六、記住別人的姓名、面孔、興趣。
七、調劑生活，使家庭和諧幸福。
八、與人和諧相處，為丈夫贏得更多的朋友。
九、提高對愛的標準，不做丈夫背後的女人。
十、熱忱地對待每個人。

每個男人的心中都有一個夢想，女人要做的就是：發現男人心中的渴望和野心，幫助男人樹立奮鬥的意識。

只有讓男人具備這樣高漲的熱情，他的事業才會飛黃騰達，你們的家才會衣食無憂、和諧美滿。在你的男人身邊，經常會出現許多不同角色的女人。作為妻子，如何面對和處理這些女人對丈夫的影響，是非常重要的。太強硬的干涉不行，男人像沙子，「你攥得越緊，他溜得越快」。這就需要我們以細心觀察為前提，以掌握方法為關鍵，在無形中給丈夫念上緊箍咒、套上玻璃罩，讓丈夫體會到家庭和婚姻生活的樂趣，避免掉入「畫皮女狐」的溫柔陷阱裡。

願讀過此書的所有女性都可以家庭和睦、婚姻幸福，與男人一起到達幸福的人生彼岸。

目錄

第三十二章：女人是男人最好的推銷員

第三十三章：做一個家庭理財高手

第三十四章：注意丈夫的健康

第三十五章：每天都要增加愛情的深度

第一章

給男人一個夢想

沒有理想，沒有某種美好的願望，
就永遠不會有美好的現實。——杜斯妥也夫斯基

The Most Attractive Woman
in The World

Dorothy
Carnegie

每個男人心目中都有一個夢想，你如果愛他就要瞭解他的夢想。

聰明的女人總是可以喚起所愛的男人心中的希望和野心，相愛的人僅僅看到彼此是不夠的，還需要被共同的奮鬥目標緊密聯繫在一起。

男人都是有野心的

男人都是有野心的，越是出身貧寒的男人，他的野心就會越大。

惠特尼出身農家，他和其他窮困的鄉下孩子不一樣，他的目標是成為一家大公司的老闆。

惠特尼在城市裡找到的第一份工作，是為一家大食品連鎖店做零售店員。惠特尼工作十分努力，為了更好地瞭解業務狀況，他利用午餐時間經常到批發部門工作。他這樣做儘管沒有額外的薪水可拿，卻在老闆的心目中留下良好的印象。每當有更好的工作空缺時，老闆總會第一個想到他。

就這樣，惠特尼逐漸地從零售店員升為業務員，然後是部門主管、地區部門經理。大家都認為惠特尼已經是成功人士了，但是只有惠特尼自己知道，他的心中對於現狀仍然不滿足。在為公司服務多年之後，惠特尼知道自己在公司裡的職位已經升到了盡頭，有太多能力不如他的總裁親戚擋在了他的面前。這個時候，另一家公司向他提出邀請，並且告訴他公司的晉升規則是：能者居上。於是，惠特尼毅然離開工作多年的公司，去追尋自己的目標。

多年以後，惠特尼成為「橘子包裝公司」的總裁，他終於實現他的夢想。後來，他又創設「藍月乳酪公司」。

當年惠特尼初進城的時候，曾經對公寓裡的室友說：「有一天，我要成為一家大公司的總裁！」這句話不是癡人說夢，他是在肯定自己的信念，同時也為自己的野心找到方向。

也許你會說：「還有許多男人沒有成為惠特尼這樣的成功者。」確實如此。這些男人之所以不能成功，是因為他們心裡缺乏清楚的目標和理想。他們茫然地找工作、茫然地結婚生子……到了中年，他們就會悔恨自己蹉跎了歲月。

每個女人都應該知道：愛他就要幫助他找到自己的方向，彷徨只會磨損男人的鬥志。只有當女人融入了男人的理想之中，才會真正地與他密不可分。

共享一個理想

每個妻子要做的第一件事就是幫助自己的丈夫理清他心中的希望和野心，然後她要做的事情就是與丈夫精心合作，共同來實現這些理想。

曾經合著《婚姻指南》的作者塞繆爾和艾瑟・克林深信快樂的婚姻來自共同的理想。至於理想是什麼不重要，可能是一幢新房子、一趟去歐洲的旅行、一家大公司……共同分享這個理想才是最重要的。

快樂婚姻的關鍵在於：對眼前的生活有所希望，然後盡其所能地使它實現。所有的快樂、情趣、參與感都會從實現希望的過程中獲得，夫妻感情也可以因為共享奮鬥過程中的成功或失敗而逐漸加深。

堪薩斯州的威廉・葛里翰夫婦的幸福婚姻就是基於一個共同的理想。在堪薩斯州，威廉・葛里翰油料公司是一家受人重視的公司。威廉在他四十五歲的時候，已經從油料經營和投資中賺取一筆可觀的利潤。同時，威廉和他的妻子瑪麗還擁有其他令人羨慕的婚姻成果：六個漂亮健康的孩子、寬敞舒適的家居、和諧美滿的婚姻。這一切，使他們對未來的生活充滿希望。

威廉的朋友問他成功的最大因素的時候，威廉回答：「是因為我和瑪麗共同的計畫和協調作業。」

瑪麗剛嫁給威廉時，威廉除了成功的理念和辛勤的工作以外一無所有。瑪麗瞭解丈夫的夢想以後，就開始加入計畫中。他們最先嘗試的是做房地產生意，從介紹房屋買賣中抽取佣金。他們將辦公室設在一幢辦公大樓的廢棄通道內，瑪麗在辦公室裡負責聯絡，威廉就四處拉生意。

開始時，業務進展得很慢，瑪麗經常要精打細算，否則他們就要餓肚子。後來，隨著生意的好轉，他們便自己出錢買房子進行買賣。到了最後，他們開始自己蓋房子賣了。這個時候，威廉有新的目標，他認為自己應該加入其他的行業，也許會有更大的發展機會。

經過幾次詳細交談和商量，夫妻倆覺得石油生意更適合威廉，因為他總是期待更多的挑戰和刺激，於是他們創辦了威廉・葛里翰石油公司。

目前，威廉正在籌劃新的目標，他和瑪麗正在考慮國外投資的可行性。只要有了決定，他們就會共同讓這個決定變成現實。

每當威廉為自己制定計畫和選擇目標時，他總是會考慮到瑪麗的建議和態度，因為威廉說：「沒有瑪麗的支持，我什麼也做不了。」就這樣，葛里翰夫婦從一個又一個挑戰性的計畫中獲得生活的樂趣。在共同面對挑戰的過程中，他們建立密不可分的關係。

夫婦倆共同擁有一個理想是最幸福的事情，因為兩個人共同制定並實行計畫，要比一個人盲目地行動更有力量。

尋找共同的志向

男人最憂慮的事情是：當他們向著一個方向努力時，女人卻不停地把他們拽向相反的方向。

盲目而看不清方向是許多男人不能出人頭地的重要原因。出現這種情況，通常是由於女人的羈絆。湯姆的志向在於經商，但是他的妻子珍妮卻希望他可以成為學者。深愛珍妮的湯姆花了三年的時間進了研究所，但是珍妮又希望他可以成為設計師……最後，湯姆實在無法忍受珍妮，離開她而選擇自己經商的道路。如今，湯姆已經在商場上小有成就。

作為妻子，你首先應該明確：成功對於你和你丈夫的共同意義是什麼？財富？名望？安全感？舒適的生活？這是你和你丈夫需要共同面對的問題，因為你們都不是一個人了，而是一個共同體。你們只有找出共同的成功價值，才可以找到共同的生活目標。

如果你的丈夫已經明確他的志向，不要認為這樣就已經足夠。你要做的不是試圖影響他的方向，而是加入他的長期計畫中。

相愛不是輕鬆容易的事情，兩個人只有共同投入一個生活目標中，愛才會延續下去。

一第二章一

激勵男人邁上事業的新台階

對男人來說，運氣的好壞，生活的好壞，
都取決於自己選擇妻子的好壞。——湯瑪斯・富勒

The Most Attractive Woman
in The World

Dorothy
Carnegie

婚姻生活的最大樂趣，就是夫婦共同完成一個又一個的目標。

因為在攜手實現這些目標的過程中，你們的感覺會像再次「蜜月旅行」般甜蜜。

尼克的幸運

尼克・亞歷山大最渴望實現的目標是上大學，因為他是在孤兒院長大的，沒有足夠的條件供他上大學。

尼克是一個聰明的孩子，因此他十四歲的時候就從中學畢業。為了生存下去，他不得不把他上大學的夢想放到一邊，開始步入社會謀生。

由於教育程度的限制，他找到的第一份工作是在一家裁縫店裡操作一台縫紉機。十四年來，他一直在這家裁縫店工作，一邊工作一邊為上大學做準備。裁縫店的薪水不高，因此尼克始終無法存夠上大學的錢。

幸運的是，尼克・亞歷山大娶了一個願意幫助他實現上大學夢想的女人。上大學可不是一件容易做到的事情，而且就在他們新婚不久，尼克被裁縫店裁員了。

這對年輕的夫婦決定自己出去闖天下，他們把所有的存款聚集到一起，開了一家「亞歷山大房地產公司」。尼克的太太特蕾莎甚至把結婚戒指都賣了，以便增加他們那筆小小的資本。

在這對夫婦的共同努力下，他們的生意開始興隆起來。這個時候，特蕾莎堅持讓尼克去上大學，以實現他的夢想。就這樣，尼克在他三十六歲的時候，得到他的大學學位——這是他人生道路上抵達的第一個里程碑。

一個目標實現以後，尼克與特蕾莎又有了新的目標——海邊的一幢房子。不久之後，他們也實現這個夢想。

特蕾莎就這樣坐下來享受生活了嗎？沒有。他們還有一個小孩要接受教育，如果他們可以把他們公司大樓的分期付款繳清，把大樓變成公寓出租，收入的租金就可以繳付他們孩子的教育費用。因為特蕾莎一心一意要達到這個目標，尼克又開始了新的努力。

就這樣，在妻子的不斷激勵下，尼克實現他多年的夢想，同時也做到他從來不敢夢想的事情——獨立擁有一個大公司。

給男人訂出奮鬥目標

男人們總是喜歡富有挑戰而忙碌的生活，這樣會讓他們有成就感。當你一無所求時，他們也就一無所有。給他們一個目標，會讓他們的事業邁上更高的新台階。

許多男人一輩子過得迷迷糊糊，因為他們的妻子從來不為他們設定出奮鬥的目標，於是他們得過且過地生活下去。每個可以從看似平凡的事件中抓住機會的男人，都會有一個女人在後面給他鞭策。

優秀的女人都有明確的生活目標，同時也把這個目標傳達給她們所愛的男人。當然，這些目標是基於現實的生活，是男人們可以達到的。你不能說：「哦，我希望我丈夫明天就可以成為總統。」他此刻正在工地搬磚頭。你要激勵他達到他可以實現的目標，因此「你要努力成為工地的工頭」這個目標相比之下就要現實得多。

對於長期計畫來說，最好是把每五年劃分為一個階段。你可以這麼計畫：「在五年之內，讓他拿到碩士文憑，準備好升遷；在十年之內，他就可以升為主管。」

最好不要讓你的丈夫感到自滿而停滯不前。生活本身就是不斷奮鬥的過程，如果他停止了，你們就會因為失去目標而感到空虛。

安德烈太太在介紹她美滿的婚姻生活時說：「我們結婚五年了，每一年都有一個目標。首先是他的學位，接著是進修課程，然後是一年的自由撰稿工作，現在是他自己的事業。現在的他充滿自信，並且深信自己可以成功，我也深信他可以成功。」

一個目標達到以後，立刻訂出另一個目標，這是成功的人生模式。為此，我們要與自己的丈夫合作，不斷地追求新的目標。

一第三章一

喚起男人的工作熱忱

有史以來，
沒有任何一件偉大的事業不是因為熱忱而成功的。——愛默生

The Most Attractive Woman in The World

Dorothy Carnegie

對工作充滿熱忱

「十分錢連鎖商店」的創辦人查爾斯·華爾沃茲說：「只有對工作毫無熱忱的人，才會到處碰壁。」

如果你的丈夫經常在工作中碰壁，除了他的能力以外，最大的問題就是他對工作的態度。

一個熱忱的人，無論是在挖土，還是經營大公司，都會認為自己的工作是一項神聖的天職，並且懷著濃厚的工作興趣。對工作熱忱的人，無論工作中會出現多少困難，或是需要多麼艱苦的訓練，他們都會用不急不躁的態度去面對。只要抱著這樣的工作態度，任何人都可以成功地實現他所要達到的目標。

無論你的丈夫是一位藝術家、賣肥皂的人，還是圖書館的管理員，都離不開熱忱這個必備的成功條件。你也許會說：「我的丈夫是一個普通司機，他不需要熱忱。」你錯了！也許是因為你的丈夫對工作不具備熱忱，他到現在仍然是一個普通的司機，而不是車行老闆。

要知道，工作熱忱可以激發無窮的力量。耶魯大學最著名並且最受歡迎的教授威廉·費爾波曾經在自己的自傳中寫道：「對我來說，教書凌駕於一切技術或職業之上。如果有熱忱這回事，我想這就是了。我愛好教書，正如畫家愛好繪畫，歌手愛好唱歌，詩人愛好寫詩一樣。每天起床之前，我就興奮地想著有關學生的事情……人們在一生中可以成功，最重要的因素就是對自己每天的工作抱著熱忱的態度。」

因此，要讓你的丈夫在工作中變得愉快，就要幫助他培養對工作有熱忱的態度。你必須幫助他認清自己的工作，使他可以全心地投入。

你不妨告訴你的丈夫，他的工作是十分重要的。同時，對於每個老闆來說，都是喜歡提拔對工作熱忱的員工。最重要的是，你要告訴你的丈夫：你是多麼希望他熱忱愉快地工作。

但是，對工作的熱忱是有前提的，如果你的丈夫對音樂毫無才氣，無論他如何發揮熱忱，也不可能成為一位出色的音樂家。因此，你要鼓勵你的丈夫在他擅長的工作上發揮熱忱。當他具有必需的才氣，擁有明確的目標，並且發揮出極大的熱忱，做任何事情都會有所收穫，無論是物質上還是精神上都是如此。

如果你的丈夫從事的是高技術性的專業工作，也同樣需要熱忱。愛德華・阿普爾頓是一位偉大的物理學家，曾經協助發明雷達和無線電報，並且因此獲得諾貝爾獎。《時代》雜誌引用過他一句具有啟發性的話：**「我認為，一個人想在科學研究上有所成就，熱忱的態度遠比專業知識來得重要。」**

這句話如果出自普通人之口，你可以對此嗤之以鼻，但是出自阿普爾頓這種權威性的人物，你就不能不聽。

既然在科學的研究上熱忱都這麼重要，更何況其他各種領域？當你的丈夫四處碰壁時，仔細考慮他的工作態度問題，也許這就是他不能成功的最大障礙。

派特的經驗之談

著名的人壽保險推銷員法蘭克・派特寫了一本《我如何在推銷上獲得成功》的書。該書的銷量打破以往任何一本有關推銷的書籍。這本書為什麼這麼暢銷？因為它揭示了無數男人目前在工作中遇到的障礙：缺乏熱忱！這是一本你值得買回來，與丈夫共同閱讀的書，同樣，派特的經歷也許會給你丈夫帶來一些新的啟示。

法蘭克・派特的工作不是一帆風順的。他最初是職業棒球手，但是他剛轉入職業棒球隊不久，就遭遇有生以來最大的打擊：他被開除了！球隊的經理對他說：「法蘭克，你這樣慢吞吞的，打起球來都沒有勁兒！老實對你說，離開這裡後，無論你到哪裡做任何事，如果不提起精神，你將永遠不會有出路！」

派特的月薪本來是一百七十五美元，離開最初的球隊以後，他加入亞特蘭斯克球隊，月薪減為二十五美元。薪水這麼少，派特做起事來更沒有熱忱，於是慘劇再次出現：他又被開除了！

這個時候，派特開始認識到事情的嚴重性，如果他不努力試著改變，也許就再沒有球隊願意接納他。

當派特決心重新開始時，一位名叫丁尼・密亨的老隊友把他介紹到了新凡，在新凡的第一天，他的一生有了重大的轉變。

因為在那個地方沒有人知道他的過去，於是派特下決心成為新英格蘭最具熱忱的球員。為了實現這一點，他採取積極的行動。

每次他上場，就像全身帶了電。他強力地投出高速度的球，使接球的人雙手都麻了。有一次，他猛烈地衝入三壘，把那位三壘手嚇呆了，球漏接，結果他盜壘成功。當時的氣溫高達華氏一百度，派特在球場上不停地奔來跑去，極有可能因為中暑而倒下。但是，喚起熱忱的後果讓派特自己吃驚不小，因為他心中所有的恐懼都消失了，發揮出讓他自己都意想不到的水準。同時，由於他的熱忱態度，使其他的隊員也跟著熱忱起來，他們隊因此大獲全勝！

第二天早晨，派特讀報紙的時候，興奮得無法形容。因為報上說：「那位新加入的球員派特是一位霹靂球員。全隊的人受到他的影響，都充滿活力。那場比賽不僅贏了，而且是本賽季最精彩的一場比賽。」

由於派特熱忱的態度，他的月薪由二十五美元提高到一百八十五美元，多了七倍！再往後的兩年中，派特一直保持他的熱忱，薪水也增加三十倍。

後來，派特的手臂受傷了，不得不放棄打棒球。接著，他加入菲列特人壽保險公司做推銷員。開始時他很苦悶，因此一年多都沒有什麼成績。直到他又重新找到工作的熱忱，他才開始做出成績。

目前，他是人壽保險界的大紅人，不僅有人請他撰稿，還有人請他介紹自己的經驗。他說：「我從事推銷工作已經三十年，我見到許多推銷員，由於對工作抱有熱忱的態度，使他們的收入成倍地增加；我也見到另一些推銷員，由於缺乏熱忱而走投無路。對此，我深信：唯有熱忱的態度才是推銷成功的最重要因素。」

把你的丈夫培養成熱忱的人

如果熱忱對法蘭克・派特可以產生這麼驚人的效果，對你的丈夫也應該可以產生同樣的效果。

光說是不夠的，你要用行動去影響他。如果你自己對工作都缺乏熱忱，又怎麼可以讓你的丈夫相信工作熱忱的重要性？首先，你要愉快而熱忱地工作，才可以讓你的丈夫體會到熱忱工作的成效。

家庭成員的行為方式有巨大的影響力。樂隊指揮鮑伯・克羅斯比的兒子曾經被問到他父親和他叔叔每天的生活情形，他回答：「他們永遠都在愉快地工作。」

「你長大以後，希望怎樣生活？」有人又問他。

「也是愉快地工作。」克羅斯比毫不遲疑地回答。

對工作具有熱忱的人也可以感染別人熱忱地工作，所以不要小看你自身的影響力。

一第四章一

把丈夫打造成優秀的男人

每個優秀的男人背後，都有一個好女人。
——華特・史考特爵士

對你的丈夫來說，你應該做的就是伸出你的雙手來幫助他，而不是伸出你的腳去絆倒他。

你不用抱怨你的丈夫不夠優秀，因為每個你看見的優秀好男人，都是由優秀的好女人一手打造出來的。如果你不相信，不妨試試以下可以讓你的丈夫進入優秀男人行列的好方法。

培養責任感

責任感對一個男人來說至關重要，無論是對家庭還是對工作，責任感都必不可少。

事業是男人的第二生命，因此在對待工作上，男人的責任感更是他們競爭強有力的武器。責任感在工作上的表現體現在對工作的熟悉程度上。如果你的丈夫對他的工作細節仍舊感到陌生，你就要提高警惕。

有的男人覺得自己只是依附在一個大的、沒有人性的機器上的一個齒輪，因為他們不知道自己特定工作的重要性。同時，也因為他們除了做別人要他們天天做的工作以外，不想學習任何其他事情。

盡可能地瞭解自己的工作，可以增強自信心。名記者塔貝爾說他有一次花了幾個星期去為一篇五百多字的文章收集資料，然而事實上，他只用了資料的一小部分。對此，他做出解釋，那些他沒有使用的資料會增加他的實力，因為他收集和瞭解的東西比寫這篇文章的內容更多、更全面，所以他寫起來顯得更輕鬆，更有信心，也更具權威性。

班傑明・富蘭克林小時候就懂得培養工作責任感的重要性。那個時候，他因為家境貧寒，不得不在一家臭氣沖天的肥皂廠裡打雜工賺錢補貼家用。他沒有因為工作環境而降低責任感，反而竭盡所能地學會肥皂製造的程序。正因為如此，他對自己所做的工作具有相當的成就感。

我們對某個事物越熱心，對它的責任感也就隨之增強。所以，如果你的丈夫對工作不夠熱心並且缺少瞭解，很可能是因為他對工作的責任感不夠強烈。

對目標的執著

優秀男人對他設定的目標都可以執著地堅持。他們知道他們正在為什麼目標而努力，並且知道執著的重要性。正因為如此，優秀的男人不會因為一時的挫折和失敗而洩氣。

每個想要成功的男人都需要確認他的目標，並且耐心地完成它。

英國詩人塞繆爾・泰勒・柯勒律治恐怕是最不接受這個勸告的人，所以他沒有成為成功的男人。他遺留給後代的詩作大多數都是未完成的，他把自己的才華浪費在無數的目標中。

在他死後，查理・蘭姆寫信給朋友時說：「柯勒律治死了，聽說他留下四萬多篇有關形而上學和神學的論文——沒有一篇是完成的！」

和你的丈夫討論他未來的目標，鼓勵並且幫助他耐心地實現這個目標。

經常自我激勵

優秀的男人懂得如何激發自己的信心和熱情，他們每天都替自己加油打氣。

新聞分析家卡特本說，他年輕而缺乏經驗的時候，在法國當推銷員。每當他膽怯或懷疑時，他都會對自己說一番鼓勵的話。

同樣，魔術大師荷華・索士第也常在他的化粧室裡跳上跳下，一次又一次地大聲喊道：「我愛我的觀眾！」一直到他的熱情激發出來，然後他走向舞台，向觀眾們呈現一次充滿活力和愉快的表演。

你的丈夫不可能每時每刻都充滿活力和愉快的心情，當他苦悶無助時，你需要在一旁為他加油打氣，表達出你對他的信任和愛。

結交優秀的朋友

結交優秀的朋友會使人變得更優秀，因為良好的品格會相互影響，並且排除不良品格。

你雖然沒有辦法控制丈夫的工作環境，但是你可以嘗試培養丈夫的交友習慣，以刺激他更有創造力地思考和生活。

如果你希望丈夫散發出熱情和活力，就讓他處於對生活充滿熱情和希望的朋友的影響之中。每個團體中都會有這種人，要把找出這種人當作你的職責，並且幫助你的丈夫和他們交往。

避免你的丈夫和那些悶悶不樂的人，那些缺乏愛心與熱心的人交往，因為他們會逐漸消磨掉你丈夫的熱情和理想。

一第五章一

做一個會「聽話」的太太

傾聽是女人的魅力之一。微笑著傾聽丈夫煩惱的女人，
勝過有一張漂亮臉蛋卻喋喋不休的女人。——傑里米・泰勒

The Most Attractive Woman
in The World
Dorothy
Carnegie

作為一個妻子，最自豪的不僅是可以與丈夫分享成功的喜悅，同時也包括傾聽丈夫的煩惱與困難。對男人來說，他們願意與許多人分享他們的成功，卻只會向極少數人傾吐他們的煩惱。那些可以聽他們煩惱的人，也正是他們最信任和親密的人。

從這個意義上說，要成為一個好妻子，不僅要與丈夫分享勝利，還要懂得傾聽丈夫的煩惱。

取得丈夫的信任

有許多女人說：「我願意傾聽丈夫的煩惱，但是他從來都不說給我聽！」為什麼會出現這種情況？最大的可能性有兩個：一是丈夫怕在妻子面前承認自己的失敗；二是妻子根本就不懂得如何傾聽。無論是哪種原因，都是夫妻之間的信任不夠強烈。

比爾・瓊斯的例子可以很好地說明這一點。一年前，比爾・瓊斯在芝加哥從他的辦公室頂樓跳下來，他跳樓的原因是憂慮和害怕。他與盛發展的事業遭遇前所未有的危機：他的業務擴展得太快，債權人正在催逼他，他的許多支票在銀行裡都無法兌現。最糟糕的是，比爾覺得他不能與太太一起承擔這些災禍。他的太太一直都以他的成功為榮，比爾沒有勇氣告訴她這些事情，因為他害怕這些事情會使她從幸福的天堂掉進羞恥和絕望的深淵中。

比爾的困境使他走上他自己辦公室的頂樓，他遲疑了一下，然後跳下去。從地心引力和常識來判斷，他是死定了。但是，使人不敢相信的是，他竟然沒有摔死！比爾・瓊斯在病床上意識清楚地醒過來，發現自己還活著的時候感到興奮無比。和這個奇蹟比起來，他從前的麻煩沒有一件看起來是重要的。

事後，比爾把自己的煩惱告訴他的太太。他的太太十分生氣，因為比爾不相信她可以與他共度難關。她開始坐下來想辦法為他解決困難，幾個月來，比爾第一次放鬆了心情。

如今，比爾・瓊斯在穩步的計畫下重新取得事業上的成功，他不再有拖欠的債款。更重要的是，他已經學會如何與他的太太一起分享困難，就像一起分享勝利那樣。

比爾・瓊斯的例子告訴我們，如果丈夫不信任自己的妻子，就不會把心中的煩惱告訴妻子。有些男人過於低估了自己妻子的承受力。他們想帶給妻子所有美好的東西，想成為把成功的事業和上等的毛皮大衣帶回家的大男人。因此，每當事情不順利的時候，他們想辦法瞞住自己的太太，以免她們的腦袋裡裝滿害怕與不安。他們從來沒有想到，不管好壞，也應該讓他們的太太來解決這些難題。

如果你的丈夫一直對你是「報喜不報憂」，你要考慮的問題是：他對你的信任是否足夠。想要聽到丈夫的心聲，你首先必須取得他的信任，表現出可以與他一起面對災禍的決心。

妻子最重要的事情

妻子最重要的事情並非洗衣做飯生孩子，而是與丈夫可以從精神上相互扶持。《富比士》雜誌曾經刊出一篇對公司員工的妻子所做的調查報告，報告中指出：一個男人的妻子可以做的最重要事情，就是讓她的丈夫把他在辦公室裡無法發洩的苦惱說給她聽。

可以盡到這種職責的妻子，通常可以得到丈夫的衷心疼愛。因為男人需要的不是一個「訓導主任」，而是一個可以善解人意的女人。

任何一個自己曾經在社會上工作過的女人都可以瞭解，如果工作回來以後可以向家人談談這一天發生的事情，無論是好事還是壞事，都可以讓心情放鬆和得到安慰。通常，在辦公地點，我們沒有機會對發生的事情發表意見。如果我們的工作特別順利，我們不可能在辦公室裡開懷高歌；如果我們遇到了困難，我們的同事也不想聽到這些麻煩事——他們自己已經有太多麻煩了。因此，當我們回家時，覺得自己必須好好地發洩一番。

然而，經常發生的事情是這樣的：

比爾回到家以後，上氣不接下氣地說：「老天，梅爾，這是一個偉大的日子！我被叫到董事會上，告訴他們有關我所做的那份區域報告。他們要我把建議說出來，而且……」

「真的嗎？」梅爾說著，一副心不在焉的樣子，「很好，親愛的。吃一點醬肉吧！我有沒有告訴你那個早上來修理火爐的人？他說有些地方需要換新的，你吃完飯以後去看看好嗎？」

「好的，親愛的。噢，像我剛才說的，老索洛克蒙頓要我向董事會說明我的建議。起初我有一點緊張，但是我終於發現我引起他們的注意，甚至連畢林斯都很感動，他說……」

梅爾：「我以前就認為他們不夠瞭解你、重視你。比爾，你必須和麥可談一談他的成績單。這個學期，他的成績太糟糕了，他的老師說，如果他願意用功努力，一定可以念得更好，我已經沒有辦法勸他……」

到了這個時候，比爾終於發現梅爾對他的話題沒有太大的興趣，只好把他的得意和醬牛肉一起吞到肚子裡，然後完成有關火爐和麥可成績單的任務。

你會想：難道梅爾的問題不重要嗎？當然不是，她和比爾同樣都有尋找聽眾的基本需要，只是她把時間搞錯了。如果梅爾可以全心全意地聽完比爾在董事會上所出的風頭，比爾就會在自己的情緒發洩以後，很樂意聽她談家務了。

卡內基夫人
做個最有
吸引力的女人。

女人要懂得在什麼時候傾聽，什麼時候發言。善於傾聽的女人不僅可以給自己的丈夫最大的安慰和寬心，也同時擁有無法估計的社會資產。一個文靜、不矯飾的女人遠勝過一個喋喋不休的女人。

以機智聞名的杜迪・摩尼曾經把一個優秀的男人描述成：當他自己最熟悉的事情被一個完全不懂的門外漢說得天花亂墜時，他仍舊很有興趣地聽著。這種描述對於女人來說更適用。

做丈夫的「好聽眾」

怎樣才可以成為丈夫的「好聽眾」？至少你要達到下列三個條件：

全心地傾聽

你要用眼睛、臉孔甚至整個身體去傾聽丈夫的話，而不僅僅是耳朵。

如果你真正熱心地聽你丈夫說話，你就會在他說話時看著他，你會稍微向前傾著身子，你臉部的表情也會有反應。

瑪麗・威爾森是魅力方面的權威，她說：「如果聽眾沒有什麼反應，很少有人可以把話講得好。所以，當一句話打動你的心，你就應該動一下身體。當一個主意適時地感動你時，就像你心裡的一根弦被震動了，你就應該稍微改變自己的坐姿。」

如果你想要成為好聽眾，就要做出反應，表達出你對話題的興趣。

問一些誘導性的問題

什麼是誘導性的問題？誘導性的問題是，在發問中靈巧地暗示發問人內心已經有的一個特殊答案。直截了當的問題有時候顯得粗魯無禮，但是誘導性的問題可以刺激談話，並且可以推動話題。

誘導性的問話是任何一個想要成為好聽眾的人必備的技巧。如果要聆聽丈夫的談話，並且不直接提出他不想聽的勸告，誘導性的問話就是一個不會失敗的技巧。

你可以提出這樣的問題：「親愛的，你認為做更大的廣告可能會增加你的銷路，或者將是一種冒險嗎？」你提出這種問題不是真的給他勸告，但卻可以得到類似的結果。

永遠不要洩露秘密

有些男人從來不和他們的妻子討論事業問題的另一個原因是：這些男人無法相信他們的太太不會把這些事情洩露給她們的朋友或美髮師知道。他們講給自己太太聽的每件事情，都會從她們的耳朵進去而從她們的嘴巴出來。

「約翰希望在維吉先生退休以後立刻得到公司經理的職位。」這是約翰的太太瑪麗在橋牌桌上隨便說出口的話，可是第二天約翰的競爭對手就知道了，於是約翰就在完全不知情的情況下被暗中排擠掉。

許多男人都怕自己的妻子多嘴，不分場合地傳播對他們工作業務有影響的話題，甚至還有一些女人會利用丈夫的信任，在以後的爭論中拿出來打擊他們。「你自己親口告訴我，你因為一紙契約而買下那些過量而不必要的剩餘物品。你現在卻說我浪費太多錢去買衣服，難道只有我奢侈？」

類似這樣的場面多發生幾次，這位太太就不會再聽到她的丈夫向她談論業務的「騷擾」，因為她的丈夫發現自己對妻子的傾訴只是給她更多打倒自己的話柄。

作為一個好妻子，不意味著瞭解丈夫所有的工作細節和秘密。比如你的丈夫是一個繪圖員，他不一定要求你瞭解他是如何畫藍圖。但是，每個丈夫都會希望他的妻子對發生在他身上的事情富有同情心，有興趣，並且提高注意力。

掌握傾聽的技巧，將會使女人更可愛。安靜傾聽的女人在男人心目中會留下一張比特洛伊城的海倫還要美麗的臉孔，而且會在他們心中留下更深刻的印象。

—第六章—

讚美是男人前進的動力

我的妻子有一顆高貴忠誠的心，那是很難得的。
四十年來，她一直是我真誠而摯愛的幫手。
她一直從行動和言語上毫不厭倦地鼓勵我前行，
這是其他人所不能及的。——湯瑪斯・卡萊爾

The Most Attractive Woman in The World

Dorothy Carnegie

經常向丈夫說「你無論如何也不會成功」的妻子，只會讓這句話更快地實現。每個男人事實上都是兩個人，一個是他真正的自己，另一個是他理想中的自己。

可以讓這兩種形象合二為一，只有優秀的女人可以做到。因為優秀的女人明白：讓一個男人前進的動力不是指責，而是讚美。

愛他，就多讚美他

每個女人都希望她的丈夫可以成為她理想中的那個人，要做到這一點，女人需要相當的智慧。要讓一個男人變得優秀，你就不要挑剔他，不要拿他與隔壁的某某人相比，也不要設法給他巨大的壓力，應該溫柔地鼓勵他、讚賞他。

沒有男人不喜歡女人的讚美，尤其是出自對他們至關重要的妻子口中。當他們聽到「你真了不起，我很以你為榮，我真高興你是我的」這種話的時候，每個男人都會高興得跳起來。

許多成功的男人都可以證明這種說法的真實性，擁有派克斯貨運和裝備公司的派克斯先生就有這種體會：

「我確信，」派克斯先生說，「一個男人不僅可以成為他理想中的人，而且也可以成為他太太期望的人。多年來，我曾經雇用許多員工，但是在我和他們的太太談過話之前，我不會把一個需要信任或有重大責任的職位交給他們。因為一個妻子的人生觀以及她對先生信任的程度，可以決定一個男人在事業上的成敗。我之所以這麼說，是因為我自己就有這種經驗。」

「我太太在嫁給我以前十分富有——富有的雙親，受過良好的教育，有一個快樂的家。我卻是一個窮小子，只受過很少的教育。除了有想闖天下的欲望以及她對我的愛與信心之外，我什麼東西也沒有。」

「在我們婚後最初的幾年裡，日子過得十分艱苦。每當我面對失敗與挫折而灰心喪氣時，她的瞭解和不斷地激勵是我繼續努力的唯一動力。」

「在我的生命中，如果有什麼成功，全是由我太太不斷地鼓勵帶來的。就算在我最無助潦倒時，她也沒有離開我。每天早晨我離開家時，她從來不會忘記對我說：『鮑伯，我相信你今天一定會過得很好。不要忘記，我愛你。』當我回家時，她也總是耐心地傾聽我一天的工作情況。為此，我曾經發誓永遠不會讓她失望。到目前為止，我做得還不錯，我會繼續努力達成她的希望。」

不幸的是，有許多女人做不到派克斯太太這樣，用鼓勵和愛幫助丈夫前進。她們雖然也希望丈夫出人頭地，但卻一直在諷刺他們，鄙視他們，於是她們的丈夫就永遠不可能滿足她們的需要。

鼓勵帶給男人進步

使男人進步的方法不是要求他，而是鼓勵他。

女人應該怎樣鼓勵男人，使他們成為女人理想中的樣子？應該給他們鼓勵和讚賞，指出他們最可以施展出來的才華。

如果他需要建立信心，你可以指出他做過的有勇氣的事情。「你還記得那一次，你告訴老闆如何減少你的部門裡浪費的事情嗎？那實在是需要很大的勇氣。但是你做到了，真了不起啊！」即使是最怯懦的男人，聽到了心愛女人的鼓勵，他也會敞開胸懷去努力的，甚至更進一步，他還會覺得也許自己可以做得更好，進而表現得更勇敢。

這種鼓勵的方式總會比指責他「我不知道你為什麼總這麼沒用，你甚至不敢對鵝說一個『哼』字」的效果要好得多。

一個好妻子永遠不會對她的丈夫說：「你真沒用！」尤其是在他失敗時。如果你的丈夫真的失敗了，他的老闆和其他人將會毫不遲疑地向他指出這一點。這個時候，你要做的不是在他心中再撒一把鹽，而是在早餐時，在床上，或是在家裡任何一個地方告訴他：「你可以成功。」那些在丈夫失敗的時候對他們說「你無論如何也不會成功」的妻子們，只會使這句話更快地實現。

不要懷疑你對丈夫的影響力，你所說的每句話都會使你的丈夫改變，讓他變得更好或更壞。所以，你對你說出的話要進行選擇，只有那些明智的、鼓勵性話語，才可以改變一個男人的消極態度，使他變得更好。

湯姆・強斯頓因為有一位好妻子，進而改變對生命的認識。湯姆・強斯頓曾經在戰爭中受傷，他的一條腿有殘疾，而且疤痕累累。幸運的是，他仍然可以享受他最喜愛的運動——游泳。

在他出院以後不久，某個星期日，湯姆和他的太太在漢景頓海灘度假。做過簡單的衝浪運動以後，湯姆就在沙灘上享受起日光浴。然而，不久他發現，其他人都在注視著他的腿。在此以前，湯姆從未在意這條受傷的腿，但是現在他知道這條腿太顯眼了。

第二個星期日，湯姆的太太提議再到海灘去度假。但是湯姆拒絕了，說他寧願留在家裡休息也不想去海灘玩。他的太太注意到他的變化。「我知道你為什麼不想去海邊，湯姆，」她說，「你開始對你腿上的疤痕產生自卑感了。」

湯姆承認他太太的話，以為他的太太會因此而指責他，然而他的太太卻說了一些讓他永遠不會忘記的話。她說：「湯姆，你腿上的那些疤痕是你勇氣的徽章，你光榮地贏得這些疤痕。不要想辦法把它們藏起來，你要記住你是怎樣得到它們的，並且要驕傲地帶著它們。現在走吧——我們一起去游泳。」

湯姆．強斯頓去了，他的太太已經除掉他心中的陰影，甚至給他帶來更好的開始。

真誠的讚美是值得嘗試的

要相信真誠的讚美對你的丈夫是有效果的，因為這種方法已經在推銷員的身上得到證實。

波士頓商會的營業經理俱樂部曾經主辦一個有關推銷術的課程，這個課程總共五個晚上，大約有五百個推銷員和營業員參加這次培訓。在這個課程的最後一個晚上，營業代表的太太們都被邀請前來參加。這些太太們欣賞一個特別的節目，告訴她們怎樣才可以讓她們的丈夫變得更有智慧，並且可以得到更好的銷售成果。

主持這個節目的是大衛・蓋・鮑爾斯博士，他鼓勵每位太太在每天早晨送丈夫出外工作時，使他們可以充滿信心，並且保持愉快的心情。如果希望自己的丈夫可以提高銷售成績，應該怎麼做？大衛博士建議：「對他說他多麼瀟灑——即使他所喜歡的裝扮早已過時了。讚美他喜愛的領帶樣式，稱讚他的風度，不要提起前天晚上在宴會上他說過的失禮的話。告訴他，你相信他正要去征服所有的顧客，他一定會按照你所想的那樣做到的！」

既然這種方法對推銷員和營業代表是有效的，對你的丈夫也會同樣有效。你為什麼不嘗試？你只要付出小小的努力，就會獲得更快樂和更熱心的丈夫。

卡內基夫人
做個最有
吸引力的女人。

一第七章一

成功的男人都需要一個信徒

妻子們，應該全力地愛你們的丈夫，
就像信徒信仰基督那樣。——柏拉瑪・詹森

The Most Attractive Woman
in The World

Dorothy
Carnegie

每個男人都需要一個信徒，一個在環境惡劣的時候護衛他的女人。當他處於困境之中時，當他失敗時，男人需要一個幫助他樹立起勇氣和信心的太太，讓他知道沒有任何事情可以動搖她對他的信任。如果連他的妻子都不信任他，還有誰會信任他？

女人的信任與支持對於男人就像燃料對於引擎那樣重要，尤其是引擎發動不起來的時候。

福特的忠實「信徒」

十九世紀末期，底特律的電氣公司以月薪十一元雇用一名年輕的技工。他每天工作十個小時，回到家以後，還經常花費半個晚上的時間在屋後一間舊棚子裡工作，想要設計出一種新的引擎。

這位年輕技工的父親是一個農夫，確信他兒子這種奇怪的想法純屬浪費時間。鄰居們也認為他是一個大笨牛，每個人都在取笑他，認為他笨拙的設計不能製造出任何東西。

除了他的太太，沒有人相信他可以成功。當白天的工作做完以後，他的太太就在小棚子裡幫助他研究機器。冬天時，天色很早就暗了，為了使他可以正常工作，他的太太提著煤油燈站在寒風中為他照明。她的牙齒在寒風中顫抖著，手也凍成了紫色。但是，她深信丈夫總有一天會把引擎設計成功，因此她的丈夫稱呼她為「信徒」。

在舊磚棚裡艱苦工作三年以後，這個異想天開的想法終於變成現實。在這個年輕人三十歲生日那天，他的鄰居們都被一連串奇怪的聲音嚇了一大跳。他們跑到窗戶旁邊，看到那個大怪人亨利・福特和他的太太，正坐在一輛沒有馬的車上，在路上搖晃著前進。

一個新的工業就在那天誕生了——一個將會對這個國家有深遠影響的工業。如果亨利・福特是新工業之父，福特夫人這位忠實的「信徒」，當然有權利被叫做新工業之母了。

五十年以後，福特先生，這位相信靈魂輪迴再生的人，被問到他下一次出生時希望變成什麼的時候，福特先生說：「我不在乎，只要可以和我太太在一起，我什麼都不在乎。」他終生都稱他的太太為「信徒」，並且希望永遠和她在一起。

全心信任你的丈夫

在這個世界上，最應該信任你丈夫的人就是你自己。如果作為他妻子的人都不相信他，還有誰會全心全意地信賴他？

信任是一種主動的特質，它不會承認失敗，只會幫助恢復失去的信心。

謝爾蓋．拉赫曼尼諾夫，這位偉大的俄籍音樂家，在二十五歲的時候已經是一個成功的作曲家。然而，由於過分自負，他寫了一首很不成功的交響曲，遭到大家的批評。為此，他十分洩氣，度過一段沮喪失望的日子。最後他的朋友帶他去看尼可拉斯．達爾醫師，一位心理醫生。達爾醫生一次又一次地反覆告訴拉赫曼尼諾夫：「你的身上潛藏著偉大的東西，等待著你向全世界宣布。」

這個想法逐漸在拉赫曼尼諾夫心裡生了根，終於使他重新恢復自信心。第二年聖誕節以前，他已經完成那首偉大的C小調第二協奏曲，並且把這首曲子獻給達爾醫生。當這首曲子公演的時候，聽眾們都聽得如癡如狂，拉赫曼尼諾夫再次嘗到成功的喜悅。

信任和支持對於男人，就像燃料對於引擎那樣重要。它可以使男人的心理和精神重新充電，將失敗轉為成功。

有時候，噩運會挫傷男人的銳氣，嚴重的打擊還會使他們直不起腰來，如果這個時候有人告訴他們：「不要灰心，像這樣的事情是打不倒你的，我支持你！」事情就會不一樣。

這就是妻子們對丈夫的一種信任，她們以一種特殊的能力看到丈夫特有的潛力。她們不是用眼睛去看，而是用心去看。

你對丈夫的信任不能埋在心中，要用語言表達出來，否則就毫無意義。你要用鼓勵、讚美與愛的語言和行動表示出來，讓你的丈夫真切地感受到你對他的愛和信任。

第八章 做男人事業的好幫手

夫妻兩人共同完成一項工作的快樂，
會比他們單獨完成某項工作的樂趣要大得多。——約翰・戴維斯

The Most Attractive Woman in The World

Dorothy Carnegie

和丈夫一起工作

如果你一直對丈夫的工作和前途有興趣，為什麼不抽出時間來和他一起工作？

一天早上，在紐約市一輛公共汽車上的乘客都伸長脖子，因為他們看到一位衣著入時的女士扛著一支獵槍跳上車子。

這是廣告噱頭？或是一個女怪人？還是要持槍搶劫？許多乘客都在他們的座位上感到坐立不安，直到這位女士到站，平靜地扛起武器下車，所有的乘客包括司機在內才同時鬆了一口氣。

然而，這看似驚險的一幕卻只是艾多麗亞・費雪在為她的丈夫工作，她正在為他的顧客將這支賒帳買來的獵槍送回原來的店裡。

梅爾・費雪是一家家用電器廠的推銷員，他的太太艾多麗亞對這份工作也十分感興趣，因此想出許多辦法來幫助他拓展工作。

艾多麗亞想要幫她的丈夫分擔工作，處理一些細小但必須處理的雜務，這樣就可以讓費雪先生有更多的精力去應付工作中的大事。

為此，艾多麗亞學會開車和打字。她還為費雪畫了許多彩色畫報，以便他可以在銷售會上作為展覽和陳列品。

同時，由於艾多麗亞為她丈夫的工作付出努力，所以她可以從丈夫的成功中獲得更多的快樂。

分擔丈夫的工作

許多女人從來沒有想過要為丈夫分擔工作，她們會說：「他雇來的女秘書是做什麼用的？」或者說：「當公司願意付我薪水的時候，我再幫助他吧！」

在這些女人心目中，丈夫的工作完全是他們自己的事情，自己只要享受成果就好了。但是她們也許忘記了，任何事情沒有付出就不會有所收穫。如果你對丈夫的工作和前途毫不關心，那些也許最後與他分享成功的女人也就不會是你。你應該盡你所能，為你的丈夫減輕負擔。

進一步說，並非讓你搶過丈夫手中所有的工作，而是盡你所能從雜事上幫助他。也許他需要你幫助他做一些文書工作：打字、寫報告、處理信件；也許是接電話，為他開車；也許是查圖書或雜誌資料……這些工作都可以減輕他的負擔，使他集中精力做更有價值的工作。

然而，你也許會說：「我太忙了，既有家務要做，又有我自己的工作，怎麼幫助他？」很簡單，只要你想就一定可以做到。有許多女人都可以兼顧家務、工作和丈夫，彼得的太太羅絲就是其中之一。

年輕的彼得・阿塔多從第二次世界大戰服役中退伍以後，就以一輛汽車和八百美元的資產起家，創辦亞斯坎・來蒙欣汽車服務公司。

彼得的服務快速熱忱而且講求效率，因此他的生意很好。由於他不能同時開車與接聽電話，他的太太羅絲自告奮勇地承擔接聽電話的工作。她讓彼得在家裡安裝一部電話分機，分機裝好以後，她擔負起電訊發送的責任。

如今，彼得的工作實在太忙了，他有了新的合夥人和更多的顧客。每當外出的時候，羅絲就要接聽他的電話。除此之外，她還要照顧他們的三個小孩，完成所有的家務和雜誌社的約稿。

對此，彼得說：「不管我付出多少薪水，也沒有辦法雇到一位像羅絲這樣全力幫助我的員工。羅絲和我一樣清楚地知道老主顧的姓名和住址，並且在顧客面前建立極高的信譽。他們知道羅絲不會給他們不正確的資訊，也不會在我跑長途的時候想辦法拖住他們。如果我沒有空，她甚至會替他們到其他計程車公司叫車，我不能沒有這個女人！」

羅絲也說：「如果彼得有需要，我即使再忙也會設法幫助他。這不難做到，我只是提高工作和做家務的效率，這樣我就有時間來幫助他。」

如果你沒有小孩子需要照顧，你就更容易幫助你丈夫。你可以在空餘時到丈夫的辦公室或是營業的地方，看看有什麼需要你幫忙。

貝拉・德拉斯的太太就是這樣做。她的丈夫是一個診所的醫師，每當他缺助手時，她就會補這個缺，直到找到更適合的助手。她把工作做得非常好，彷彿她一直在這個職位上工作似的。

「對於路易絲來說，這不僅僅是一件工作，」她的丈夫貝拉・德拉斯醫師解釋說，「對於每位要我出診或是到診所來的病人的健康，她和我同樣地關注。」

對於妻子來說，她為丈夫所做的任何工作，都具有額外的特性。因為他們是共同體，共同生活在一起，她沒有辦法不對他的工作付出關注。

類似這樣幫助丈夫減輕工作負擔的妻子們還有許多，她們的丈夫也無一例外地獲得成功。法國作家阿爾馮雲・道迪曾經不願意結婚，因為他害怕婚姻會使他的想像力變得遲鈍。後來他認識朱麗・亞得拉，開始改變他的想法。他的一些最好的作品，都是在和朱麗結婚以後寫出來的。朱麗有高明的文學鑑賞力，道迪對她的評論非常信賴。他的朋友曾經說：「道迪寫好的稿子，幾乎沒有一張沒被朱麗改過以及潤飾過。」

哈柏是瑞士著名的博物學家以及蜂類學權威，然而他在十七歲的時候眼睛就瞎了。是他的妻子鼓勵他研究博物歷史，並且依照他的意念，用自己的雙眼替他觀察，進而幫助他成名。

為了和你的丈夫更緊密地結合在一起，多在工作上幫助他吧！這不只是為了工作，也是為了生活。

瞭解丈夫的工作

如果你對自己丈夫的工作或職業沒有一些常識或瞭解，卻想要給他適當的幫助，這幾乎是不可能的事情。你瞭解得越多，才越有可能幫上他的忙。

即使在對丈夫的工作上，做妻子的不能提供極大的幫助，如果可以對丈夫的工作需求有所瞭解，也可以使妻子們更有同情心和耐心，進而成為更善解人意的伴侶。

每個想成為好妻子的女人，都要認識到這一點，因為對共同事物的關注和瞭解，可以增強彼此的理解和信任。當瑪姬・偉莉還沒有嫁給她的丈夫時，每晚睡覺前都在看一本她未婚夫正在看的深奧的法律專著。對此，她向她的家人們解釋：「我不希望和他相差太遠，不希望有他知道而我不懂的事情。」

妻子對丈夫工作的瞭解程度，已經被公認為對丈夫的成功有極大的激勵作用，因此許多公司努力使他們員工的太太們得到這些瞭解。

道斯謝是利里－杜禮柏茶杯公司的總經理，他正在計畫每兩個月發行一份有關公司業務的小冊子，給他所有員工的太太們。「如果她們看了這些小冊子，」道斯謝先生說，「她們就會情不自禁地對公司業務感到興奮。」

這些「對公司業務感到興奮」的妻子們，是她們的丈夫及其丈夫的雇主最堅定的朋友。

瑞士歐爾利康市的某家機械製造工廠，每個月都會安排員工的太太們進廠參觀訪問。在這幾天的參觀日程裡，太太們將會瞭解所有的製造程序。工廠的經理已經發現，這是一項實用的政策，因為他經常可以從這些太太們那裡聽到如何改進生產的建議。

許多美國公司也對太太們大開其門，他們也得到更多的實惠。馬丁・蕭爾參觀了她先生工作的程序以後，有了一個想法。當天晚上，她問她的丈夫，為什麼他的機器不使用腳踏板來代替那個高過人頭的槓桿——換一個腳踏板將會節省更多的時間和不必要的動作。

她的丈夫覺得這個說法很合理，於是向老闆提出這個建議。結果當這個建議實現以後，他的生產效率提高二〇%，他也因為妻子的創意得到三千五百美元的獎金。

男人把他生命的大多數時間都奉獻給工作，作為他的妻子，你有權分享這份佔據他大多數時光的工作。**不讓工作搶走丈夫的最好方法就是與丈夫一起融入工作中，這樣你不僅可以幫助丈夫取得成功，還可以與丈夫一起分享工作中的快樂。**

一第九章一

正確對待丈夫周圍的女人

大多數危害到婚姻生活的不幸，都是起源於無端的猜疑和嫉妒。
婚姻是一朵嬌貴的花，漠然會使它凋零，猜疑更會使它枯萎。
——伊莉莎白·史波拉

The Most Attractive Woman in The World

Dorothy Carnegie

不要把丈夫推向其他女人

你不可能讓丈夫與所有的女人隔絕開來，尤其是對你丈夫的事業有幫助的女人——他的女秘書與合作者。你要記住，你與這些女人是站在同一陣線上的，尤其是在公事上。

如果女人最要好的朋友是她的母親，男人最親近的戰友就是他的女秘書。一個好的秘書，可以提高老闆的效益。她忙於促使老闆的工作順利進行，同時幫助老闆處理各種各樣的瑣事。一個秘書的工作範圍，可能要從削鉛筆到接見各種訪客開始。因此，毫無疑問，一個好秘書是男人事業成功的重要助手。

作為一個妻子，你應該明白：丈夫的女秘書或女的合作夥伴與你有一個共同的目的，那就是：要使他的事業更遠大。你們同樣都關注著他最終的成功，因此如果你們可以互相合作，而不是相互對立，會使你們的目標更快地實現。

可是事實上，許多妻子對出現在丈夫周圍的女人充滿不信任，她們總是暗中猜疑，並且嫉妒自己的丈夫在公事上依賴的另一個女人。這種猜疑的結果，就是把自己的丈夫推向那些比你更相信他的女人。

作為妻子不用對出現在丈夫身邊的其他女人疑神疑鬼，尤其是需要與丈夫長期合作的女秘書。你應該和她們保持友善的關係，這樣才可以對你丈夫的事業提供幫助。一個聰明的妻子應該知道如何對待丈夫身邊的女人，通常她應該遵守以下的規則：

不隨便猜疑

雖然你認為自己的丈夫很有吸引力，值得追求，但這不意味著與你丈夫接觸的每個女人都會把他當成目標。尤其是對於那些在公事上與你丈夫接觸的女人，通常她們對有能力的男人也僅止於欣賞，不會動真情。何況，即使她們對你的丈夫有意，你丈夫也未必會同意。多給你和你丈夫一點信心，畢竟你們是準備共度一生的伴侶。

尤其是在工作出現問題，你丈夫要加班工作時，你尤其要表現出體貼與諒解。你要知道，你的丈夫和女秘書或合夥人正在辦公桌前絞著腦汁，而不是跑到酒吧裡喝酒。

如果你的丈夫會與其他女人一起工作，而不是獨自一人，當妻子的應該感到慶幸才對，因為你知道有人會在適當的時候提醒他應該回家。

不心懷嫉妒

通常在社會上工作的女孩都會打扮得很漂亮，這是工作業務的需要，也是禮貌的需要。做妻子的人，如果想要打扮得同樣漂亮，是毫無問題的，如果你要嫉妒其他的女人，不如花時間把自己打扮得同樣時髦和迷人。

大多數男人都會喜歡長得漂亮的女孩，不欣賞乏味與不具吸引力的女人。因此，當你的丈夫對漂亮的女秘書或合作夥伴表示欣賞時，是一種很正常的現象，就像你會對英俊又風度翩翩的男人產生好感一樣。在繁忙緊張的工作環境中，有一個美麗的事物，總是會使人的疲倦減輕一些。不要把你的丈夫想像成一頭野狼，對每個漂亮的女人都瞪大了他貪婪的眼珠。

有許多妻子會嫉妒丈夫身邊的女秘書，她們認為女秘書的工作太輕鬆了！她們整天只是打扮得漂漂亮亮，坐在舒服的辦公室裡，處理一些瑣碎小事，竟然還領著豐厚的薪水！

這些妻子不知道的是，這些女秘書不僅沒有固定的休息時間，還得像家庭主婦那樣辛苦工作。她們要隨時根據老闆的需要調整自己的作息，比單純做一個妻子要累得多。

現在有許多既是妻子又在外工作的女人，她們可以體會這種工作中女人的心態。工作就是工作，很少有人可以在繁忙的工作時間想那些風花雪月的事情。

不隨便支使別人

就算你的丈夫是總裁，也不要隨便支使他的女下屬。這樣做的結果不是建立你的權威，而是使你丈夫喪失威嚴。因為她們是為你丈夫工作的，而不是為你。

如果老闆的妻子讓女下屬去幫她排隊買票或是做其他類似的雜務，她們通常表面上不好意思拒絕，但是在心中卻留下不好的印象。為老闆工作是她們份內的事情，但是為老闆的妻子工作，不在她們的職責範圍內。

因此，不要在丈夫的女下屬面前擺出高人一等的姿態，她們不是非要留在你丈夫身邊工作不可。失去優秀的女下屬，只會為你的丈夫帶來損失，對她們來說反而是一種解脫，因為她們從此不會再受你的任意指使。

與女秘書愉快相處

女秘書是你丈夫事業中不可缺少的得力助手。從某種方面來說，女秘書可以幫助你分擔促進丈夫事業發展的工作，因此你與丈夫的女秘書要進行良好的合作。

要與女秘書保持良好的關係，妻子的態度至關重要。要對女秘書在事業上對你丈夫的幫助表示感謝，打通電話親切地表示謝意，或是送一件細心挑選過的小禮物，都會使她感受到你的友善。

與那位在工作中與你丈夫接觸最頻繁的女人保持良好的關係，也會讓你掌握更多關於丈夫的情況。

有一位布蘭克太太，她的丈夫是一家大型房地產公司的會計主任，她與丈夫的女秘書相處得十分融洽。因此，每當她的丈夫在事業上遇到麻煩的時候，她都會接到丈夫的女秘書打來的電話。

「我想你一定希望知道，布蘭克太太，」女秘書說，「現在政府的稅務人員整天都在我們這裡，布蘭克先生受到很大的精神壓力。接下來的四五天，我們將會忙於整理公司的帳目。我可以做的只是讓布蘭克先生中午時休息時間長一些，以便可以好好地吃完三明治。」

於是，當布蘭克先生回家的時候，布蘭克太太就會特別耐心和機敏。她取消所有不必要的社會應酬，提早下班回家，特別用心地為丈夫做好晚飯。在丈夫特別忙的日子裡，布蘭克太太都會加倍費心地照料著丈夫，幫助他度過這段辛苦的日子。

因為布蘭克太太與丈夫的女秘書可以愉快地相處，才可以配合得如此巧妙。你與丈夫的女秘書同樣也應該成為丈夫的共同盟友，而不是相互攻擊的敵人。

一第十章一

鼓勵丈夫經常「充電」

女人的要求是男人可以達到的最大高度。

女人要求越高，男人的上進心就會越強；女人一無所求的時候，男人就會徹底丟掉上進心。——約翰・戴維斯你的丈夫已經做好升級的準備了嗎？如果還沒有，他目前正在為升級做出什麼努力？作為他妻子的你，為他的升級又做過多少努力？

如果你的丈夫壓根兒沒有升級的打算，過著滿足於現狀的日子，你應該反省自己：是不是對他的要求太低了？要知道，男人前進的動力來自女人的要求。

「充電」改變命運

男人想要出人頭地的主要方法，就是要不斷地學習進步。許多功成名就的人，都是利用業餘時間不斷學習才會有所成就。

查理斯・佛洛斯特本來是佛蒙特州的一名鞋匠，由於他每天都利用一個小時的時間來學習，最後成為一位著名的數學家。約翰・韓特是一個木匠，他利用工作之餘研究比較解剖學，每天晚上他只睡四個小時，終於成為比較解剖學的權威學者。忙碌的銀行家約翰・拉布克爵士，也在休閒的時間為自己「充電」，進而成為著名的史前學專家。

類似以上這種例子還有很多，如果他們對現狀都感到滿足，就不會有如此巨大的成就了。如果安於現狀，只是為了領取薪水而不再有上進心，這種人在競爭激烈的社會中，只會遭到淘汰。

做妻子的應該瞭解，沒有人天生就可以成功。即使有些男人運氣很好，在結婚以前就有良好的事業，但隨著時代的發展和社會的進步以及競爭對手的增強，他們仍然需要不斷地為自己「充電」獲取更多的知識與能力。

有更多的男人不是那麼幸運，他們需要付出更多的努力來得到理想中的高位。但這並非是不可能的事情，只要他們願意訓練自己，培養更多的能力，他們就不會永遠停留在低層次的工作上。

海威希就是一個懂得自我培訓重要性的男人。他在剛踏入社會的時候，在堪薩斯城一家貿易信託公司當員工。後來，他移居到奧克拉荷馬州的馬歇爾市，進入謝爾石油公司工作。不久，他與市長的女兒愛琳・英格相愛，並且結婚了。

然而，隨著經濟大恐慌的到來，海威希和其他人一樣被解雇了。由於他受過的訓練與經驗都不夠，除了書記員的工作可以做，其他的都不能勝任。但是這種書記員的工作沒有空缺，他只好接受他唯一可以擔當的一件工作——為石油管工程挖壕溝。

海威希不滿足於現狀，他要想辦法改善生活。在妻子愛琳的幫助下，他經營了一家小型高爾夫球場，生活勉強有所提高。後來，有一個會計工作的機會出現在他面前，他決定要抓住它。

雖然海威希對會計工作是一竅不通的，但是他知道透過學習可以使他獲得這些知識。於是他利用晚上的時間上夜校去學習會計課程。這是他做過的最聰明的一件事情，因為這些課程不僅使他得到工作，還使他的薪水在工作中得到加倍。

嘗到學習帶來的好處，海威希又進入杜爾沙大學夜間部的法律系上學。他在四年內修完所有課程，得到學位，並且通過律師鑑定考試而成為合格的開業律師。

但是他仍然不滿足，所以又回到夜間部上課，準備參加會計師鑑定考試。研究高等會計三年多以後，他又學了一項公眾演講的課程。這麼多年來的夜間部教育，已經使海威希的薪水比十二年前挖壕溝的時候增加十一倍！

如今，海威希除了在自己的律師事務所工作以外，還在奧克拉荷馬法律和會計學校授課。海威希的故事告訴所有的妻子：一個男人要透過不斷地努力學習才可以獲得成功，這也是任何一個願意付出時間和努力的男人都可以做到的。

因此，當丈夫努力於研究、學習以爭取更好的職位時，做妻子的應該極力支持。要知道，丈夫的努力上進是為了使你可以過上更好的生活。

付出會得到成功的報答

對一個男人來說，整天工作並且要連續幾年每天晚上學習「充電」，不是一件輕鬆的事情。他最需要的就是從家裡得到所有的鼓勵，以支持他不至於半途而廢。

對於不斷學習來說，你的丈夫也會感到厭倦和失望，並且因為懷疑這些努力的價值而感到痛苦——這些努力也許看起來像是在浪費時間。這個時候，做妻子的應該給予丈夫支持，讓他瞭解學習的重要性，並且堅信這些努力不會白白浪費！

做一個好妻子不容易，尤其是在丈夫需要專心學習時，妻子就要學會如何獨處，以便為丈夫提供安靜的學習空間。

最聰明的方法是：做妻子的也同樣要擬定一個學習計畫，以用來消磨時間並且充實自己。如果條件許可，做妻子的也可以和丈夫參加同樣的訓練課程，使自己可以更有效地幫助丈夫。你也可以學習一些與丈夫所學相關的科目，以彌補丈夫知識上的不足，或許你更喜歡學習一些純粹為了興趣的知識。

無論如何，有一個學習計畫，就不會因為丈夫不在你身邊而感到寂寞孤獨。

如果你的丈夫正在花費他大多數或全部的業餘時間改進他的機會，爭取成功，你也不能平白浪費這些獨處的時間。你應該把這些時間有效地利用起來，作為一個提高自我的好機會。

在學校裡獲得學位不意味著你的丈夫已經完成所有的教育，他如果想做好每件事情，就要在一生中用各種方法不停地學習——你也同樣如此。

最重要的是，妻子必須瞭解，如果丈夫想在社會上佔據較好的地位，就要不斷地對自己進行教育。丈夫花費在培訓上的時間和金錢，都是對家庭前途的一種投資。

不要懷疑丈夫的這些付出是否可以有所回報，這個世界仍然是屬於那些自強不息和奮鬥不止的人，只要加上你的支持和鼓勵，你的丈夫也可以成為這種人。

男人想要更優秀，就會想到擴展自己的知識和才能。有一天晚上，美國駐聯合國大使歐尼斯・格羅斯在宴會上無意間提到，他正在參加一個夜間部的連續課程——以便更有效地處理他所收到的大批信件。這令在場的所有人都感到震驚和欽佩。

所以，如果你的丈夫正在做「學生」，你應該為此感到高興，並且還要鼓勵他繼續努力。這樣做將會大大增加他成功的機會。不要對丈夫所做的任何努力表示懷疑，因為所有的一切終將會得到回報。

當你和丈夫對持續努力學習的價值感到懷疑時，記住已故哈佛大學校長羅威爾博士的這段話：「只有一種方法可以真正地訓練一個人，就是讓這個人主動地運用頭腦。你可以幫助他，可以引導他，可以暗示他，甚至激勵他，但是只有他透過自己努力得到的東西才是真正具有價值。他得到的成果，必然與他付出的辛勞成正比。」

—第十一章—

共同面對生活的挑戰

情愛可以抵得住凜冽的自然風暴，
卻抵不住長時間漠然的極地霜雪。——保羅・李斯特

The Most Attractive Woman in The World

Dorothy Carnegie

許多女人都認為，在婚姻生活中，丈夫應該肩負起所有的責任，無論他們的處境是好是壞。

然而她們忘記了，夫妻是共同生活在一起的，無論處於什麼樣的環境中，都要共同面對生活的挑戰。

付出你的努力

由少女變成妻子，不僅僅意味著從此你有了舒適的生活和足以信賴的人，還意味著你必須承擔起更多的責任。踏入婚姻生活後，你的想法和行動就不是你一個人的事情，而是你們共同的事情。

尤其是在困難的時候，正是考驗夫妻感情的關鍵時刻，許多夫妻都因為只能同甘不能共苦而最終走向分離。作為妻子來說，在丈夫遇到困難的時候，絕對不能袖手旁觀。

約瑟夫・艾森堡是一個幸福的男人，因為他有一個在困難時與他共同承擔的妻子。

約瑟夫・艾森堡在一家洗衣店當了二十五年的送貨員以後，突然之間被解雇。對於一個沒有受過特殊訓練的人，想要再找到一個適合的工作很困難，尤其是對中年人來說更為不易。當艾森堡夫婦正在為找不到工作煩惱時，他們得到一個機會，有一家麵包店要出售，價錢還算合理，但是投資卻要用盡他們所有的積蓄。

艾森堡太太知道，這是艾森堡重新站起來的機會，於是她大力支持丈夫買下了這家麵包店。艾森堡太太知道，這只是克服困難的開始。她知道，在生意還沒有穩定之前，他們沒有能力雇人幫忙，於是她積極地幫助艾森堡先生拓展業務。

那個時候，除了做家務以外，艾森堡太太必須在麵包店裡長時間工作，以便隨時有人招待客人。除了打掃、洗衣、做飯，她每天還要在麵包店裡站上八～十個小時——這些辛勞足以使任何一個女人感到洩氣和厭煩。

「但是，」艾森堡夫人說，「我很高興做這些事情，因為這表示我和丈夫可以共同面對困難。我不想做一個只會尋求庇護的女人，我要證明我也可以撐起生活的責任。如今，我們的麵包店已經開業五年了，生意相當好。我們的努力有了收穫，我們的生活得到很大的改善。我感到很驕傲，因為我也付出努力。」

同樣，這裡還有另一位妻子，也在為自己的家庭付出努力，她就是比爾・柯曼的太太。

柯曼太太是一名護士。當她嫁給比爾・柯曼的時候，比爾還是一個窮小子。為了使生活得到改善，比爾白天工作，晚上到大學裡繼續深造。為了使丈夫可以安心學習，柯曼太太做出極大的犧牲，甚至在生下小女兒的那個晚上，她仍然堅持讓比爾去學校上課。

在三年中，比爾從沒有錯過晚上的任何一堂課，他也終於在母親、妻子和女兒驕傲的注視中得到畢業證書。

後來，比爾的父親去世了，比爾和妻子的負擔就更重了，整個家庭的重擔都落到了比爾身上。柯曼太太沒有袖手旁觀，而是積極地行動。為了減輕丈夫的壓力，她除了白天做護士工作，每個晚上和週末，她還在一家印刷廠裡當助手。

「我很快樂，」她向她的朋友說，「這是實話。雖然現在生活苦了一點，但是我在付出努力時感到與比爾更為貼近了。我可以理解他，他也更疼愛我。如果我們繼續這樣努力下去，生活將會很快得到改善。」

分擔生活的壓力

在你與丈夫的共同生活中，總會遇到生活裡的某些危機，例如欠債、疾病，或是丈夫的失業。如果你是一位職業婦女，這種問題就比較容易解決，因為至少這個時候你們家庭裡還有一份穩定的經濟來源。如果你是一位從未工作或是很久沒有工作的家庭婦女，在這個時候，也應該是你「挺身而出」的時候。

任何一個女人都不要低估自己的生活能力，在任何困難面前，女人都可以表現出與男人同樣甚至更多的勇氣和堅韌。

瑪格麗特・史坦太太就在困難時拿出了她平常隱藏起來的魄力和能力。史坦太太原本是一位幸福的家庭婦女，她與她的丈夫和五個孩子住在紐澤西州，過著寧靜而和諧的生活。

然而，突如其來的一場重病，使史坦先生這個家庭支柱倒下了，他沒有辦法出去工作養家了。這個時候，生活的重擔都壓到了史坦太太的身上。

開始時，史坦太太表現出慌張與無助，因為她幾乎從學校畢業後就直接進入家庭，她不知道怎樣面對生活的壓力。但是她看見重病在床的丈夫和五個需要照顧的孩子，勇氣從心中油然而生，她知道，如果她退縮不前，整個家庭就毀了。

史坦太太很快開始思考怎樣才可以解決家庭的經濟問題，她對於辦公室的工作毫無經驗，也沒有其他特殊的能力。她做得最好和最喜愛做的事情就是特製餐點：小孩子的生日點心、結婚蛋糕、宴會甜餅。從前，她經常為朋友們免費做一些特別的餐點，現在她決定用這門手藝來換取收入。

瑪格麗特・史坦把心裡的想法告訴她的朋友們，於是每當朋友們開宴會的時候，都特地請她去做，她做得精緻而獨特的餐點十分可口，很快就受到大家的讚賞，更多的訂單因此源源不斷地湧來。

由於所有的餐點都是在她家的廚房裡做的，因此她的丈夫和孩子還可以來做她的幫手。後來，生意越做越大，瑪格麗特就成為一個專辦酒席餐點的人，並且還擔任宴席顧問。

如今，她的生意已經發展到必須雇用兩名長期助理的程度。她把自己最受歡迎的開胃菜經過加工包裝，送到冷凍食品市場去賣，並且為周圍五十里內的宴會準備餐點。

瑪格麗特・史坦從未想到自己也可以為家庭做出這樣大的貢獻，她的自信心得到加強，同時更可以體諒丈夫以前的辛勞。史坦先生身體恢復以後，開始與他的妻子合作共同創業。

「我討厭價錢、成本和開帳單，」史坦太太說，「我忙於創造新的方法，來準備供應我的特製餐點。讓我的丈夫來照料所有生意上的其他事情，真是一件美好的事情，我們合作得好極了！」

你與你的丈夫都無法預料到將來會發生哪些困難和壓力，但是你們至少可以做好心理準備並且達成共識。那就是：無論遇到多大的困難，你們都要拉起手共同面對和克服。

第十二章

和丈夫一起適應新環境

真正的愛情是兩個人永遠不分離地相處，
因為任何感情都會隨著時空的距離而消散。——理查・安德森

The Most Attractive Woman in The World

Dorothy Carnegie

事業是男人的第一生命

沒有夫妻可以在長久的分居生活中保持熾熱的愛與寬容。夫妻感情需要在共同的、長久的相處中一點一滴地累積，需要時間的沉澱。

如今，隨著國際趨勢的加強，有許多男人在工作時會有地點上的變動。這個時候，女人與事業的衝突就成為男人最頭疼的問題。有許多女人不願意離開她熟悉的環境和工作，因此選擇與丈夫分開生活。這種做法是危險的，通常會使丈夫逐漸與自己疏遠。

「為什麼要我做出犧牲？」你也許會憤憤不平。你認為放棄目前的環境與工作是為丈夫的犧牲，但是你有沒有考慮到，當丈夫有更好的工作機會時卻被你扼殺了，他只能束縛在你身邊毫無發展，這才是你們婚姻生活的最大危機。每個女人都要明白：事業才是男人的第一生命。那些把愛情放在第一位的男人，通常是沒有什麼成就的，並且也不容易受到女人的青睞。

難道你不希望丈夫有更好更廣闊的發展空間嗎？難道你希望你的丈夫只是一個胸無大志的小男人？如果你全心全意地愛你的丈夫，就應該跟隨你丈夫的腳步，畢竟這只是一個適應環境的問題，而不是需要你付出生命。

當然，面對全然陌生的環境從頭開始，確實需要很大的勇氣。如果你不願意失去你的丈夫，就要拿出這種勇氣，維吉尼亞州諾福克市的雷倫德·克西納太太就具備這種勇氣。

克西納太太深愛她的丈夫，因此在丈夫服役時毅然決定跟隨丈夫的腳步。當然，她對這種生活是深有感觸的，她在接受一家雜誌社的採訪時說：

兩年前，我的丈夫受到徵召要到海軍去服役。離開我們新近布置好的家，帶著我的小兒子跑遍全國各地，這個念頭看起來似乎糟透了。未來的兩年看起來似乎是一片慘白。當我跟著丈夫遷移到第一個駐地的時候，深信我會過得很傷心。

但是如今，我們已經搬過幾次家，我覺得過去的想法真是太幼稚了。我的丈夫立刻就要退役了，我們計畫要永久定居下來——我們都希望如此。雖然我對於未來的日子感到這麼激動，但是我必須承認當我要告別目前這種生活方式時，我還是有些傷心。

過去的兩年裡，我感到很愉快。不僅是因為我和我的丈夫在一起，也因為我已經學會瞭解和生活在許多不同類型的人群之中。我已經學會容忍和瞭解那些與我不同類型的想法和做法。某些我盼望的事情落空的時候，我也學會忽視這些日常生活裡的煩惱。

我更深切地瞭解到，一大堆器具不能造就一個快樂的家庭。快樂的家庭更需要的是愛心、諒解和溫暖，並且在任何情況下都要盡量與所愛的人待在一起。

克西納太太的話，值得每個希望家庭更快樂的女人深思。如果你目前也處於克西納太太相似的情況，需要與丈夫到新環境中，以下三個建議值得你採納：

不要對新環境期望太高

許多不滿意新環境的人，大多數是因為對環境的期望太高。但是期望越高，失望就會越大，因為每個環境都存在不可避免的缺陷。

要認識到環境與人一樣，都是不相同的。適應環境最好的方法就是保持平常心，不要抱太大的希望。這樣一來，當你發現新的環境中有你喜愛的東西時，就會感到意外的驚喜。

多一點適應時間

不要指望你可以在三天內就在新環境中如魚得水，適應環境是一個長時間的問題。你不能只在新環境中待了二十四個小時，就對丈夫說：「親愛的，我實在無法忍受這裡！」這不是適應，而是逃避。

多給自己一點適應時間，努力學習與不同的人打交道，你就會發現其中的各種樂趣。

抱怨無濟於事

如果你跟隨丈夫遷到一個新地方，要做的第一件事就是讓你自己融入新的朋友中。與其抱怨你不喜歡的事情，不如設法去改變它們。

如果你無法改變環境，就改變你自己！因為在這個世界上，沒有十全十美的地方。

羅伯特・瓦特森太太和她的丈夫已經住遍了世界的各個角落，因為她的丈夫是卡特爾石油公司的地球物理專家。瓦特森夫婦和他們的四個小孩，曾經在世界上最荒涼遙遠的地區住過，但是他們卻可以過得舒服快樂，很難找到比他們更幸福、更和諧的家庭。

瓦特森太太認為，適應新環境是一件有趣的事情。「收到調職的命令以後，我可以立刻整理好全家的行裝準備出發，」她說，「我們家裡每個人都發現，這個世界上的任何一個地方都可供我們學習、享受和成長——如果你用心去找尋它們。」

「例如，當我們住在巴哈馬群島的時候，我們聽說有一個世界著名的潛水冠軍正在那裡教人潛水。這是我女兒蘇西的一個大好機會，她熱愛潛水，而且現在找到專家來指導她。」

「結果蘇西進步很快，而且在潛水比賽中得獎。如果我們住到其他地方，也許就不會得到這個好機會。適應的最好方法，就是在那個陌生的地區，利用最佳的機會以獲取新的知識，而不是抱怨這裡的環境多麼糟糕。」

如果你也必須和你的丈夫跑來跑去，你應該記得瓦特森太太的建議：少一些抱怨、多一些快樂。

一第十三章一

讓男人安心工作

家庭的快樂是所有志向的最終目標，
是所有事業和勞苦的終點。——理查・科克

男人對工作以外的任何事情都變得又聾、又啞、又瞎時，你就應該意識到，他們是全心地投入工作中。

做妻子的應該明白，你不是丈夫的全部，他同樣需要工作上的成就感。因此，在丈夫全心工作的日子裡，你應該安靜地做你自己的事情，而不是在丈夫身邊嘮叨和抱怨個不停。

做妻子的在丈夫忙碌工作的期間，怎樣輕鬆地度過這些日子？以下的建議可供妻子們參考。

照顧好他的身體

有健康的身體和充沛的精力，男人才可以在工作上奮鬥。因此，在男人特別忙碌的日子裡，女人要照顧好他們的身體。

如果你丈夫必須搶時間迅速吃完晚餐，並且工作到很晚，你就試著在他拖著疲憊的身子回到家的時候，為他準備好容易消化的小點心。蘋果、果汁、蛋糕、沙拉、芹菜、紅蘿蔔，這些東西都很容易消化，並且含有他所需要的維生素。

如果你丈夫必須工作到很晚，就不要在他整夜工作之前強迫他吃許多不容易消化的東西。多看一些營養方面的書，多為他準備一些增加體力的食物。

替自己安排一些娛樂計畫

在丈夫忙碌的時候，嘗試做一些你以前沒有時間做的事情：參觀幾家畫廊，聽聽音樂會，參加一個自修課程。

更重要的是，你還有自己的工作。為何不在丈夫忙碌的時候，調整自己的工作進度，多做一些工作。這樣，你也許可以和丈夫同時忙完，進而有時間共度一段休閒時光。

讓你的丈夫知道

讓你的丈夫知道你對他的工作是支持和鼓勵的，並且告訴他可以暫時忽略你的事情，你也需要離開他忙自己的工作。這樣會使你丈夫集中更多的精力應付目前的困難，也會更感激你的體貼和支持。

提醒你自己這只是一個暫時的現象，把丈夫忙碌的時間當作對自己的一次放假，一個你可以重新與老朋友接觸的日子。想想單身自由的快樂吧，而且你要相信：當你丈夫忙完以後，你們將可以過著猶如第二次蜜月般的甜蜜生活。

—第十四章—

男人是很難改變的

只有不平凡的女人，

才嫁得起不平凡的丈夫。——山姆・瑞德

適應丈夫的生活方式

每個女人在嫁給她所愛的男人前，都要認清這樣的事實：男人是很難改變的。所以，不要有類似「我婚後會讓他為我改變」這樣的想法。男人婚前什麼樣，婚後也會同樣如此。

所以，在嫁給這個男人前，你首先要問自己：「我打算忍受他的這些生活方式嗎？」如果不能忍受，你最好不要嫁給他。認為自己可以改變男人這種想法是愚蠢的，因為這樣會嚴重影響你的婚姻生活。

有一個女人，強迫她的丈夫放棄他心愛的工作，因為她無法忍受他每天晚上工作的現狀。她的丈夫在一個著名的管弦樂團裡演奏小提琴，不僅熱愛自己的工作，薪水也很豐厚，他們經常在晚上舉行音樂會。

然而，在他太太的強烈要求下，這位丈夫還是放棄樂團的職位，找了一個推銷員的工作。他做著他完全不喜愛的工作，賺的錢也比以前少得多，因此心情逐漸變得抑鬱。當他的太太沾沾自喜地認為自己改變丈夫的時候，卻沒有發現他們的婚姻已經出現嚴重的危機。

你不可能從根本上改變一個男人，因此要嘗到婚姻美滿的滋味，你必須適應他的工作和生活方式。

融入丈夫的生活

聰明的女人都知道，要完全地把握一個男人不是靠征服，而是靠融入。當女人完全地融入男人的生活中時，他們已經是密不可分的。

所以，不要羨慕那些名人的妻子，因為她們為此付出巨大的努力。她們承擔的不僅僅是穿著名家設計的服裝，在照相機面前擺出迷人的笑臉，也要為融入丈夫的生活付出更多的東西。

羅威・湯姆士的妻子就可以告訴你成為一個名人的妻子要付出多少努力。羅威・湯姆士在國際上很出名，他的事蹟可以說是與天方夜譚的故事一樣神奇。羅威・湯姆士在喜馬拉雅山上所待的時間和他在新聞影片、攝影棚裡所待的時間一樣多。

法蘭西絲——羅威・湯姆士的妻子，是一個了不起的女人，也只有她可以忍受羅威・湯姆士的工作和生活方式。因為法蘭西絲可以像一隻變色蜥蜴那樣，隨時隨地根據丈夫的需要而改變自己。

湯姆士飛遍世界各地演講的時候，她會為他充當旅行中的助理經紀人，幫助他處理來自各地的郵件和邀請。

回到美國以後，法蘭西絲又成為美國最忙的女主人。她還要忙著招待不斷前來拜訪湯姆士的大人物，包括探險家、飛行員以及其他許多傑出人物。湯姆士家的週末經常會因為有五十到兩百位賓客的參加而顯得熱鬧非凡。

當丈夫出外遠征的時候，法蘭西絲就要忍受更多憂慮。例如：在第一次世界大戰後的德國革命時期，她從報社電話裡聽說她的丈夫在採訪一場槍戰時受到致命的傷害，她卻只能遠在巴黎等著消息。

還有一次，羅威・湯姆士經過一處山區時受了重傷。他被當地人背在肩上走了二十多天才安然地離開山區。在所有這些受盡精神折磨的日子裡，法蘭西絲卻獨自承受著害怕失去丈夫的恐慌。

這種精力充沛又喜歡冒險的丈夫，你可以忍受嗎？你可以獨自承受丈夫出名背後的各種壓力嗎？所以，做一位名人的妻子不是一件輕鬆愉快的事情。如果你現在可以適應丈夫的工作和生活方式，你是幸福的，因為你已經可以解決生活所帶來的困擾。

忍受丈夫工作的不便

必須在不固定的時間工作的男人都需要一個可以適應他的妻子。比如計程車司機、飛行員、鐵路員工，這些從事特別行業的男人都需要妻子可以忍受丈夫職業所帶來的不便。如果你不想忍受，恐怕就只能換一個丈夫。但是你要知道，就算是州長的夫人也必須忍受丈夫職業所帶來的不便。

馬里蘭州的州長夫人席爾德・麥凱丁夫人同樣要忍受丈夫工作所帶來的困難和不便。原本他們的生活是寧靜而有規律的，但自從她家搬進州長官邸以後，整個生活都改變了。

麥凱丁州長開始早起晚睡，並且整天忙著處理公事。由於丈夫經常為重要的事情忙得毫無空閒，麥凱丁夫人都很難見到他一面。

只有在陪著丈夫旅行，或是到城外演講的時候，麥凱丁夫人才可以消除這些困擾。

「我們發現，在那些旅途中一起享受到的樂趣比那些有許多時間在家裡共處的夫婦還要多。因為我們不常見面，所以我們很珍惜這些寶貴而難忘的旅行經歷，我也只有在這個時候才可以得到丈夫的全部關注。」

因此，如果你丈夫的工作很不平常，並且會帶來一些不便，你就應該接受它，並且設法改變。如果你僅僅因為不喜歡丈夫的工作而離開他，那將會是你最大的損失。

改變自己要遠比改變別人容易得多。這個世界上從來沒有、也不會有十全十美的丈夫和工作，與其羨慕別人，不如自己也努力學著快樂生活。

每種生活方式都有它的優點和缺點，那些經常抱怨生活缺陷的人，即使擁有最理想的生活環境，也是不會滿足的。

一第十五章一

對丈夫要有足夠的愛心

每個妻子可以送給丈夫的最美麗的禮物，
就是無窮的耐心與包容。——馬克・瑞泰

The Most Attractive Woman in The World

Dorothy Carnegie

不要妨礙丈夫的工作

如果丈夫必須待在家裡工作，這對每位妻子來說都是一大考驗。想想看，她必須踮起腳尖，安靜地在丈夫工作的隔壁房間裡行走；也必須接受丈夫的請求，關掉吵鬧的電視或吸塵器；她甚至不能經常邀請朋友到家裡作客，因為這樣會妨礙丈夫的工作。

「這太可怕了！」你也許會這麼想。但是沒有辦法，婚姻本來就是兩人協調適應的過程。如果你對你的丈夫有足夠的愛心，經常保持良好的心情，並且下定決心去適應，你就會覺得這種情況不像想像的那麼可怕。

如果很不幸，你的丈夫也必須在家裡工作，看看凱薩琳・吉里斯的例子，對你可能會有所幫助。

凱薩琳・吉里斯的丈夫唐・吉里斯是一個作曲家，也是NBC交響樂團廣播音樂會的製作指導。唐・吉里斯是一位成功人士，他的交響樂作品曾經被美國和歐洲許多著名的交響樂團演奏過，甚至他的樂曲也被像亞瑟・費德和阿圖羅・托斯卡尼尼這種大師指揮演出過。

唐・吉里斯在談到自己的成功時，感激地談起妻子凱薩琳的重要支持，因為他大多數的音樂作品都是在家裡完成。

雖然唐・吉里斯在家裡有一間書房，但是他更喜歡在餐廳的桌子上寫作。對此，溫柔嫻靜的凱薩琳卻不在意，正如她所說，他只是在她的身邊工作。此外，她還要關照兩個吵鬧的小傢伙，如果他們太吵了，她會叫他們去做一些需要安靜思考的遊戲。

像許多藝術家那樣，唐・吉里斯也受到預算和家庭經濟的困擾，所以凱薩琳也是丈夫職業性的業務經紀人。

她幫助丈夫決定要接受哪一個合約，家裡應該節省多少錢以及要如何增加收入。唐・吉里斯需要一套新衣服的時候，也要靠他的太太來提醒，並且為他去訂做。

凱薩琳・吉里斯在如何對待在家裡工作的丈夫方面很有經驗，因此她提出幾個幫助丈夫在家裡有效工作的簡單原則：

盡可能給他自由空間

盡你的能力使他覺得舒服，然後放下他去做自己的工作。暫時先抑制你想要去看他的衝動，過一會兒再去探視他的工作進行得如何。

不要打擾他

在他工作的時間不要去打擾他，不要讓他去開門，照顧小孩，或是付帳給送貨人。你應該自己去做這些事情，就像他不在家時那樣。除非這幢房子燒起來了，否則不要去打擾他！

保持平和

當他的工作進行得不太順利的時候，他很可能會煩躁和不安。你不能因此也變得心慌意亂。保持平和的心情，因為你需要幫助他，幫助他恢復冷靜而溫和的心情。

減少家中的聚會

要充分考慮到他的工作時間來安排你的社交計畫。除非你家的房子大得足夠把他完全隔離開來，否則你不可以在他想要工作的時候在家裡招待你的朋友們。

和他一起協調安排時間

和他一起做好工作時間的安排，讓孩子們也有時間快樂地遊戲而不會被制止。一個負責任的男人要兼顧妻子和孩子的利益，只有大家的權利都受到重視，生活才會更快樂。

第十六章
以丈夫的事業為重

只要有必要，我願意為丈夫放棄我的事業，
因為他就是我的「終生職業」。——凱莉・桃樂絲

幫助自己的丈夫成功

如果你有自己的工作或職業，放棄它可以帶給你丈夫更多的好處，你願意為此而放棄嗎？這個問題放在任何一位愛自己工作的妻子面前，都會讓她們難以回答。希望每個女人不會遇到這樣的選擇，因為工作對女人來說，也是一件相當有成就感的事情。如果一個女人必須要對此做出選擇，她就要衡量兩個人的發展前途。

如果你丈夫的事業確實需要你放棄自己的工作，並且他又有很廣闊的發展前景，以丈夫的事業為重，也不失為一個明智的選擇，凱蒂．威妮就是如此選擇的。

美麗大方的凱蒂．威妮是著名探險家卡維士．威爾斯的太太，在她認識她的丈夫之前，已經擁有一份她十分重視的職業。

凱蒂是一個成功的廣播演講經紀人，在業務上與許多名人的接觸使她得到許多樂趣。卡維士也是因為業務關係和她認識。婚後，凱蒂準備繼續從事使她著迷的工作，並且保持獨立自主。

然而，當卡維士要到土耳其爬亞拉拉特山時，凱蒂發現她無法自己留在家中工作。「這一次和他去好了。」她這樣告訴自己，於是他們共同出發去探險。

凱蒂回到自己職位以後，她發現自己從事的工作與這次的探險經歷比起來，簡直不值得一提。於是在一年半以後，她又和卡維士前往墨西哥，去爬波波卡特佩特山。

這又是一次嚴酷的體能考驗，凱蒂大多數的時間都是在寒冷、飢餓、疲憊和極度的驚嚇之中度過。雖然如此，但是凱蒂同時也領會到探險樂趣。

山峰上冰涼的冷風吹走了凱蒂堅持要獨立工作的最後一絲念頭。她瞭解到，作為卡維士·威爾斯的妻子，是比在自己的工作上有所成就更大的成功，也更有價值。因此，當他們從墨西哥回來以後，凱蒂就關閉了自己的辦公室。

她現在有時間跟著她的丈夫到地球的任何一個角落了。馬來半島的叢林、非洲、日本、冰島、喀什米爾山谷——遊歷各地的威爾斯夫婦的生活就像是一部精彩的遊記。

凱蒂說：「從前，我認為擁有自己的事業是最重要的。但是我現在改變這種觀念，因為與卡維士共用的豐富經歷比我當初的工作有趣得多。我把我的工作與卡維士的合併起來，和他共用勝利和成功。每當失望和麻煩來臨的時候，我們也一起面對它們。」

對每個女人來說，幫助丈夫成功就是她的「終生職業」。不管是以前還是現在，這個觀點都是適用的，除非這個女人不願意結婚。

因為一個女人如果把她的努力和注意力放在自己的職業上，就不會有時間照顧和幫助他的丈夫了。雖然每件事情都有例外，但是對於大多數女人來說，最終還是會選擇以丈夫的事業為重，只有這樣，婚姻成功的機會就會更大。

與你信任的人探討你的問題

去年秋天，助手搭飛機去波士頓參加一次不同尋常的醫學實驗，這次實驗的目的是治療一些因為憂慮而得病的人。病人中的大多數是精神上出現問題的家庭主婦，這個實驗的學科就是應用心理學。

一九三〇年，約瑟夫・普雷特博士——威廉・奧斯勒的學生，發現一個問題：許多來波士頓醫院求診的女患者沒有生理上的問題。有一個女病人的兩隻手由於「關節炎」的侵害而無法活動；另一位患者因為某種類似「胃癌」的症狀而痛苦不堪；至於其他患有頭疼或腰疼的病人，都被病痛長期折磨，無法痊癒。然而，當這些病人經過徹底的醫學檢查以後，發現這些婦女的生理狀況完全正常。於是，醫生診斷說：「這是她們大腦中的病。」

但是約瑟夫・普雷特博士卻認為，只讓她們「回家去把這件事情忘掉」是不會奏效的。於是，他開了這門「應用心理學」的實驗班，希望幫助她們根治心理上的疾病。

對他這種做法，最初醫學界也抱持懷疑的態度觀望，但結果卻有意想不到的效果。這個班開設十八年以來，有成千上萬的人在參加實驗以後「痊癒」。有些病人連續到這個班上了幾年的課，幾乎像上教堂一樣虔誠。那個助手曾經和一位上了九年課的婦女談過。她說她剛來時深信自己得了腎炎和心臟病，這使她憂心、緊張，最後甚至發展到會突然看不見東西，於是她轉而害怕自己會雙目失明。現在，她的身體狀況良好，已經有了孫子，她看起來只有四十多歲。

她說：「那個時候，我幾乎想一死了之，可是在這裡我懂得憂慮對人的害處，並且學會怎樣消除憂慮。現在我可以說，我的生活太幸福了。」

這個班的醫藥顧問羅絲・海芬婷醫生認為，減輕憂慮最好的藥就是「跟你信任的人探討你的問題」。她說：「我們把此稱作淨化作用。病人到這裡來的時候，可以盡量與她們一起討論，直到把那些問題完全清除出她們的腦子。一個人埋頭憂慮的時候會造成精神上的障礙，你應該讓別人分擔你的難題。同時，你也得分擔別人的憂慮。你需要感覺到世界上還有人願意聽你的話，也願意瞭解你。」

那位助手親眼看到一個婦女在說出心裡的憂慮之後，體驗到的那種從未有過的解脫感。這個婦女總是為家務煩惱，在她最初發言的時候，緊張得就像一個被壓緊的彈簧，但是隨後她一邊講，一邊逐漸地平靜下來。等到講完了之後，她竟然露出微笑。她的這些困難是否已經得到解決？沒有，事情當然不會這樣簡單。但是她之所以有這樣的改變，是因為她在和別人交談的過程中得到忠告和同情。真正促使其轉變的是具有治療功能的語言。

從某個方面來說，心理分析專家就是以語言的治療功能為基礎。從佛洛伊德的時代開始，心理分析專家就知道，只要一個病人可以說話——只要說出來，就可以解除他心中的憂慮。為什麼？也許是因為說出來之後，你就可以更深入地看到問題所在，可以想出更好的解決方法。沒有人知道確切的答案，但是無論誰都知道「吐露一番」或是「發發胸中的悶氣」，就可以立刻使人暢快許多。

因此，遇到什麼情感上的難題時，就去找人傾訴。當然，不是隨便到哪裡抓一個人，就把你心裡所有的苦水和牢騷說給他聽。你要找一個值得信任的人，約好一個時間。也許是你的親屬、一位醫生，或是律師……然後對那個人說：「我有一個問題，我希望你可以聽我談一談，你也許可以給我一些忠告。旁觀者清，我想你可以給我提供一些不同的意見。當然，即使你不能做到這一點，只要你願意坐在那裡聽我談談，就等於幫了我很大的忙。」

如果你找不到一個人可以傾訴，還有一個所謂的「救生聯盟」可以幫助你。這個組織和波士頓那個醫學課程完全沒有關聯，但它卻是世界上最不尋常的組織之一，它的組建就是為了防止可能發生的自殺事件。現在，它的服務範圍已經擴展到給那些情感方面有需要的人精神上的安慰。

波士頓醫院的治療良方

把心事說出來，這就是波士頓醫院最主要的治療方法，以下是這種治療方法的一些基本概念：

一、**準備一本「提供靈感」的剪貼簿，可以在裡面貼上自己喜歡的可以鼓勵你的詩和名人的格言**。如果你感到精神頹喪，就看看剪貼簿，也許在本子裡你可以找到治療的藥物。波士頓醫院的很多病人都把這種剪貼簿保存了多年，她們說這等於是替你在精神上「打了一針」。

二、**不要為別人而過多操心**。也許你的丈夫確實有很多缺點。可是，如果他是一個聖人，恐怕他根本就不會娶你了。學習班上有一位婦女，透過學習，才發現自己是一個對別人要求苛刻、愛挑剔的妻子。當別人問她：「如果你那一無是處的丈夫死了，你會怎麼辦？」她才發現自己的錯誤。於是，她坐下來，把她的丈夫所有優點列舉出來，那張單子足足列了好幾頁。因此，如果你覺得自己嫁錯了人，不妨也試試這種方法。也許，在看過他所有的優點之後，你會發現他正是你希望遇到的那個人。

三、**對自己的鄰居保持適當的興趣**。對那些和你在同一條街上共同生活的人，抱有一種友善而健康的興趣。一位孤獨的女人，一直認為自己被周圍人「孤立」。有人勸她試著把下一個遇到的人做主角，編一個故事，於是她開始在公共汽車上，為她看到的人編造故事。她假想那個人的背景和生活情形，試著去想像他的生活是怎樣的。慢慢地，她開始和別人聊天。現在，她非常快樂，成為一個很討人喜歡的人，同時也治好她的「痛苦」。

四、夜晚休息之前，先安排好第二天工作的程序。在實驗班上，醫生們發現很多家庭主婦因為家務勞動而感到疲勞。對於她們來說，時間總是不夠用，每天都在疲憊和焦慮中度過。為了要治好這種由勞累而引發的憂慮，實驗中心的醫生建議各位家庭主婦，提前一天就把工作安排好。這樣做以後，她們不僅提高工作效率，還降低了疲勞度。

五、避免緊張和疲勞的唯一途徑就是放鬆。再沒有比緊張和疲勞更容易使你變老的事情。我的助手在波士頓思想控制課程裡聽到負責人保羅・艾森教授講解了很多放鬆身心的方法。在十分鐘的放鬆練習結束之後，我的助手幾乎坐在椅子上睡著了。為什麼生理上的放鬆會有如此大的好處？因為放鬆不僅可以讓你的身體機能得到恢復，還可以消除憂慮、緊張的情緒。

家庭主婦如何放鬆自己？

作為一個家庭主婦，一定要懂得如何放鬆自己。家庭主婦這個職業的優勢在於——只要想躺下隨時就可以躺下，甚至你還可以躺在地上。要知道，地板對脊椎骨大有好處，堅硬的地板比裝著彈簧的席夢思床更有助於放鬆自己。

以下是一些可以在自己家裡做的運動，你可以先試一個階段，看看對你的身心是否有好處：

一、只要覺得疲倦，就平躺在地板上，盡量把身體伸直，並且來回翻身，這個動作每天做兩次。

二、閉起你的眼睛，像強森教授建議的那樣說：「太陽當頭照，天空蔚藍藍，大自然很寧靜。我——大自然的孩子，也可以和宇宙和諧一致。」

三、如果你正在爐子上煮菜，因而沒有這個時間躺下來，在椅子上放鬆自己也可以得到相同的效果。找一張很硬的直背椅子，模仿古埃及的坐像那樣，把你的雙手向下平放在大腿上。

四、慢慢地把你的十個腳趾蜷曲起來——然後，放鬆它們。收緊你的腿部肌肉——讓它們放鬆；慢慢朝上，運動各個部位的肌肉，最後轉動你的脖子，不斷地對自己說：「放鬆……放鬆……」

五、用深呼吸來平定你的神經，要從丹田吸氣。規律的呼吸是安撫神經的最好方法。

六、盡量抹平臉上的皺紋，鬆開你緊鎖的眉頭，不要閉緊嘴巴。

第十七章 跟上丈夫的成功步伐

一個聰明的妻子永遠不會走在丈夫的前面或是落在後面，
她會很巧妙地與丈夫保持步調一致，進而使婚姻生活更和諧。
——保羅・雷恩

The Most Attractive Woman in The World
Dorothy Carnegie

當你丈夫向他的事業王國邁進時，你必須與他保持同樣的步伐前進，否則你就會被他遠遠地拋在後面。

有許多女人埋怨指責男人成功後就將她們遺棄，卻從來不反省自己的做法。想想看，當你丈夫帶你出席重要社交活動時，你不合時宜的衣著、笨拙的談吐都顯示你與丈夫的距離越來越遠。

在婚姻生活中，兩個人必須一起前進，任何一個人中途停止了，你們就很難再協調一致。所以，想要在丈夫成功時仍然可以站在他的身邊，你也必須不斷前進，與之保持同樣的步伐。

提高你的社交能力

在許多被丈夫遺落在後的原因中，缺乏社交能力是最重要的一條。因為隨著丈夫的成功，你也會成為人們矚目的焦點。你要和各種各樣的人打交道，這個時候，社交能力的好壞就是考驗你是否是一個稱職女主人的重要因素。

如果你是羞怯怕生的女人，也不必為此感到憂慮，因為得體自如地招待客人是每個女人都可以做到的事情，你缺少的只是訓練。

海因斯先生是一個很有前途的年輕律師，在當地的政治圈很活躍。他需要和人們見面，參加會談、集會以及社交活動和娛樂節目。但是他的新娘雪莉・海因斯，卻非常害怕面對這些場面。她說：「我很害怕和陌生人接觸，我很害怕站在人群裡參加公開的宴會，我不可救藥地害羞。」

但是為了丈夫的前途，雪莉決定克服自己的心理障礙。要怎麼做？她不知道。直到有一天，她在一本書上看到這些話：「人們對於他們自己是最感興趣的了。所以在談話中，你可以把注意力集中在別人身上，要他談談他自己，你就會忘記自己的存在。」

這些話啟發了雪莉，她決定試試看。出乎她意料的是，她發現這個方法很有效。

「逐漸地，」雪莉說，「我因為對別人發生興趣而不再感到害怕。我發現他們也都有自己的困擾和煩惱。當我更瞭解他們以後，我就開始喜歡他們了。現在，我開始喜歡上了認識新朋友，我也喜歡和我的丈夫去其他地方，他現在已經是州裡的參議員。最重要的是，我很高興沒有因為自己欠缺在社交場合中的交際能力而妨礙我丈夫的成功。」

每位妻子都有責任訓練自己具備一定的社交能力，進而為自己的丈夫提供幫助。因為妻子如果有能力與別人親切相處，而且有足夠的社交適應力，就可以使丈夫成功的機會大大增加。

如果你天生就有這種能力，真是十分幸運。如果沒有，你就要學會這種能力，就像海因斯太太那樣。

不要以為你的丈夫現在做的是比較低層的工作，你就不必具備社交能力。你的丈夫是在不斷前進的，也許他在十年、二十年、三十年後就是一個響噹噹的大人物。

抓住每個改進的機會

不要讓自己變成一個懶女人，你要利用身邊的每個機會來改進自己。

「跟上丈夫在事業中隨時前進的步伐，是婚姻幸福的真正關鍵。」艾立克·強斯頓夫人在總結自己成功的婚姻經驗時曾經這樣說。

艾立克·強斯頓夫人是美國電影協會會長的妻子，她勸告那些想要趕上丈夫事業的太太們，要抓住身邊的每個機會來提高和改善自己，不要把自己局限在狹小的自我空間裡。

「也許你會認為，」強斯頓夫人說，「你的丈夫不需要你隨時提高自己的社交能力，剛開始的時候，艾立克也沒有這種社交活動。當我們結婚的時候他還在挨家挨戶地推銷真空吸塵器。那個時候，我們兩人誰也不知道未來會是什麼樣。但是我知道，我要幫助他成功。」

沒有人會知道未來會是什麼樣子，但是聰明的女人會隨時準備好等待機會的來臨。

學習如何認識朋友和如何與朋友和睦相處，是你在丈夫得到重要職位之前可以做的基本準備。這是一種永遠可以幫助你丈夫的方法，無論他的職業或社會地位是什麼。

如果你的丈夫在待人接物時笨手笨腳，你可以幫助他彌補因為粗心而導致的過錯；如果他自己已經夠機智圓滑，你就可以防止他變得荒謬可笑。

保持友善

友善與和氣是女人無形的資產。如果一個女人無論走到哪裡都可以製造出溫暖融洽的氣氛，她永遠不會被遺落在丈夫背後。

一個親切和善的女人是丈夫的「親善大使」，就像漢斯・卡天柏夫人那樣。

卡天柏夫人的丈夫是美國新聞廣播協會的會長，她在幫助丈夫方面可謂是非常機靈。她知道如何把不愉快的話題岔開，進而使周圍的氣氛變得活躍。

如果晚宴中的話題拐錯方向，她就會等待一個適當的時機說：「漢斯，為什麼你不談有關……的事情？」這使得每個人都有時間冷靜下來，把男人不愉快的話題岔開。

卡天柏夫人還懂得如何委婉地拒絕別人。當她的丈夫演講結束後，總有許多人想和他握手，並且和他談上很久。這個時候，卡天柏夫人就會委婉地告訴他們新的話題，比如：他們的車正在外面等著，或是他們還得趕赴另一個約會。

有一次，在市政廳演講結束，卡天柏先生被許多提問題的聽眾包圍住，卡天柏夫人知道如果演講再繼續下去，她的丈夫就會堅持不下去了。於是她站起來說：「對不起，我有一個問題，那就是：卡天柏太太想要知道卡天柏先生什麼時候可以回家吃飯。」大家聽到這種幽默和善的問題，不僅附和她，而且讓卡天柏先生回家吃飯。

你也許不會有卡天柏夫人這樣的才華，但是你可以學到她的和善。

防止丈夫的自滿

如果丈夫在事業上走得太順利，會帶來一個重要的成功隱患，那就是驕傲自滿。

雖然在前面已提過許多建立男人上進心的方法，但是每個女人也應該知道，有時候男人也需要被洩氣，才不至於變成一個昏頭昏腦的自大狂。

可以成功地做到這一點的女人是值得被感激的。

里曼・比徹・斯托先生就因此十分感激他的太太，每當他要試試其他行業，或是想接下一個新工作的時候，他的太太希琳就會幫助他建立自信心。但是同時，希琳也會告訴他：「不要被各種讚揚沖昏了頭，除非你以後仍然可以有很高的水準，否則這些稱讚過你的人還是會遺棄你、離開你。」

有一次，里曼先生在某個大廈的奠基典禮上發表完演講，並且感覺自己做得棒極了。他覺得自己是自威廉・傑林斯・布里昂以來最偉大的演說家，於是樂飄飄地回家。

到家以後，他把自己的得意說給希琳聽，並且把演講的高潮繪聲繪色地表演一次，然後坐下來等待妻子的讚美。然而，里曼太太微笑著說：「真是太棒了，親愛的。但是那些出資蓋大廈的人又怎麼樣？我覺得他們似乎是更值得被讚美的人，畢竟你的演講只是在對他們表示敬意。」

就這樣，里曼先生的自滿情緒立刻沉澱下來，他開始認真瞭解他自己以及他微薄的努力。

如果不想被丈夫所遺忘，妻子們就應該盡自己的能力贏得尊重，同時不斷地充實和完善自己。任何一個女人可以做到這一點，該擔心遭到遺棄的就會是她們的丈夫。

第十八章

好女人不嘮叨

我寧願忍受世界上最醜陋的女人，
也無法忍受一個喜歡嘮叨的女人。——華倫・奧利拉

The Most Attractive Woman
in The World
Dorothy
Carnegie

妻子對丈夫的嘮叨，是世界上最殘酷的折磨方法，很少有男人不被這種方法折騰死。

一個女人即使擁有全世界最美麗的容貌，可是如果沾染上嘮叨的毛病，就會使任何一個男人退避三舍，除非他是一個聾子。

嘮叨使丈夫離家

女人們可能永遠不知道，嘮叨對男人來說是一種可怕的折磨。嘮叨、挑剔帶給家庭的不幸要遠比奢侈、浪費大得多。

萊偉士・蔣曼博士是一位著名的心理學家，他對一千五百對夫婦做過詳細的研究。結果顯示，丈夫們都把嘮叨、挑剔列為太太最糟糕的缺點。蓋洛普民意測驗也得到相同的結果，男人們都把嘮叨、挑剔列為女性缺點的第一位。

女人們總是習慣以嘮叨的方式來改變丈夫，然而可悲的是，這種方式從來沒有奏效過。

嘮叨最可怕的地方在於它是男人信心的殺手。

麥可是一個優秀的男人，但是他的事業卻幾乎被他的第一任太太毀掉了。他的第一位太太總是輕視和取笑他所做的每件事情。當他們還在一起生活時，麥可是一個推銷員，很喜愛自己的工作，並且很努力地工作。但每當他晚上回到家時，他的前妻總是以這些話來迎接他：「好哇，我們的大天才，生意不錯吧？

你今天帶回來的是佣金，還是推銷經理的訓話？我想，你一定知道下個星期就要付房租了吧！」

這種情形持續了好幾年，最後麥可終於無法忍受，與他前妻離了婚，重新娶了一位可以給他愛心和支持的女孩。現在，他已經在一家著名的公司擔任執行副總裁的職務了。

然而事實上，他的第一任太太不知道自己為什麼失去丈夫。「我省吃儉用，吃苦這麼多年，」她向她的朋友訴苦，「結果，他不再需要我替他做牛做馬以後，他就離開我，去找其他的女人，男人就是這個樣子！」

如果有人告訴麥可的前妻，麥可決定離開她，不是因為另一個女人，而是她的嘮叨和挑剔，她絕對不會相信。但這確實是麥可離開她的主要原因，因為她一直在以一種輕視的嘮叨方式打擊麥可的男性自尊心與自信心，這是任何男人都不堪長期忍受的。

不拿丈夫與別人相比

最具破壞力的一種嘮叨方式，就是拿你的丈夫和別人相比。

「你為什麼賺不到更多的錢？比爾・史密斯已經連升兩級了，你還沒有升級。」

「哈里給他的太太買了一件貂皮大衣，你只能給我買這種便宜貨。」

「如果我嫁給赫伯特，我一定可以過得更豪華一點。」

……

類似這種嘮叨，你每說一次，只會讓你丈夫更遠離你。

夫妻在婚後的共同生活中很少有不吵架的。對一般的爭執，夫妻都可以承受，也不會產生情感的裂痕。如果是從未停止的、毫不放鬆的長期嘮叨，很容易搞垮最美滿的家庭。

改掉嘮叨的毛病

如果你也認識到嘮叨對男人身心帶來的傷害，就要想辦法改掉它，以免繼續對你丈夫造成不可彌補的傷害。

如果你從未意識到你有這種毛病，可以去問問你的丈夫和其他人。如果他們告訴你，你是一個喜歡嘮叨的女人，你不要因此而憤怒，而是應該好好地反省。

以下是幾種可能對你改變嘮叨毛病有益的建議：

減少重複同一句話的次數

訓練自己把話只講一遍，然後就忘掉它。

如果你必須很不耐煩地提醒你的丈夫六七次，說他曾經答應過要去割草。如果他現在已經在割了，你就不用再浪費唇舌多說幾遍，嘮叨只會使他更想拒絕。

採用溫和的方式

溫和的方式比重複嘮叨的方式有用多了。男人都喜歡被人請求，而不是命令。

「如果你願意去割草，親愛的，我就給你烘你最愛吃的水果餅。」或「親愛的，你每次都把我們的草地修得這麼整齊，艾蓮都很羨慕我有你這麼好的老公。」

類似這樣的話，會比你的嘮叨更容易達到目的。

培養幽默感

幽默感可以使你經常保持良好的心情。如果你對芝麻大小的事情也會生氣，遲早會精神崩潰。

有些太太催丈夫到浴室裡去拿浴巾的時候，也會因為丈夫動作慢了一點而大動肝火。要學會用寬容幽默的態度對待生活中不如意的事情，而不是整天緊繃著一張臉。

不要為了一些微不足道的芝麻小事而把愛情變成怨恨。

保持冷靜

當你與丈夫發生不愉快時，要記得保持冷靜。在不愉快發生的時候，不要嘮叨埋怨個不停，應該在你和丈夫冷靜下來時，再把這些事情拿出來討論。

如果是微不足道的小事，你一定不會再提起。如果你認為很重要，就心平氣和地和你丈夫談談，在理智與平靜的情況下，利用相互信任和合作來消除它。

你不可能用嘮叨的話套牢一個男人，這樣做的結果只會是破壞他的精神，毀滅你的幸福。

一第十九章一

不要對丈夫的工作指手畫腳

任何一個男人都不會喜歡妻子對他的工作指手畫腳。

——克洛德·伯斯

許多女人都喜歡對丈夫的工作指手畫腳，她們自以為是丈夫工作上的顧問，結果卻是使丈夫失業，而不是升職。

妻子的干預，是一件危險的事情

要對你的丈夫有信心，在他的工作職位上，他一定會做得比你更好。所以，不要隨便干預你丈夫的工作。

關注是一回事，干預就是另一回事。因為關注是作為旁觀者，干預是你在設法取代丈夫的地位。

不要認為你的策略或試探會對丈夫的工作帶來多大的幫助，因為大多數時候，妻子的干預只會使丈夫丟掉工作，而不是升職。

一家商業公司裡最受器重的經理在服務多年以後被迫辭職，原因很簡單，就是因為他的妻子總是不斷干預他的業務。

這位太太想了很多所謂的招數，用來對付丈夫公司裡的其他幾位經理，因為她自認為他們是丈夫的敵人。她在這些經理們的太太之間挑起事端，並且有目的地散布謠言，攻擊他們。

這位可憐的丈夫沒有辦法控制太太暗中的活動，只好做了他唯一可以做的一件事情：辭掉他多年來引以為榮的工作。

毀掉你丈夫的九種方式

如果你對幕後操縱的做法樂此不疲，你很快就可以將你的丈夫從他現有的職位上拉下來。以下列出九種方法，如果你到現在還在採用，你肯定可以使你的丈夫失業，也會使他變得精神崩潰：

對他的女秘書，尤其是對年輕漂亮的女秘書惡言惡語

隨時利用機會提醒她只是一個傭人，雖然她不把你的丈夫當成是值得追求的目標，但是你還是不能放過她。失掉一個好的女秘書，對你丈夫來說不算很大的打擊，因為你會為他買來記錄機。

每天頻繁地打電話給你的丈夫

告訴他，你做家務遇到什麼困難；問他中午和誰一起吃飯；給他開了一張購物單子，要他在回家的路上買回來。

發薪水那天，總是忘不了去他的辦公室。因為這樣他的同事立刻就會知道，你才是家裡的一家之主。

和其他員工的太太製造一些摩擦

這種情況是不會終止的，因為那些太太們沒有一個是好人。

你可以散布一些有趣的閒言閒語，說說老闆曾經怎樣饒過她的丈夫以及你的丈夫對她的丈夫的看法如何。再過不久，整個辦公室就會分裂成許多派系，你毀掉丈夫工作的時候也會立刻到來。

抱怨丈夫工作的壞處

告訴你丈夫他的工作太多，薪水太少，並且辦公室裡沒有人看重他。

沒有多久，你的丈夫就會開始相信你的話，並且他的工作也會變成你說的那樣，然後你的丈夫就會去找新的工作。

不斷為丈夫的工作出謀劃策

不斷地告訴你丈夫應該如何改善工作，如何增加銷售以及如何奉承自己的主管。

讓他在辦公室裡擺出坐在搖椅上的總經理的姿態。畢竟，他只是在辦公室裡工作，你才是真正的戰略家和策劃人。

秘密調查丈夫和其他女人的關係

組織好你自己家裡的秘密警察計畫，長期偵查你丈夫和他的女主顧、辦公室助理以及同事太太們之間的關係，你的丈夫會為了避免與她們有所接觸而不得不縮小自己的工作範圍。

向丈夫的老闆賣弄風情

每當你有機會向丈夫的老闆眉目傳情的時候，你就盡量使出女性的魅力吧！

如果在你的努力以後老闆還沒有開除你丈夫的意思，老闆的太太也會特地為你的先生找一個新主管，讓你再試試你的計策。

談論你丈夫的趣事

在公司舉辦的宴會上，你不妨多喝一些酒，表現表現你是一個多麼風趣的人。

說一些你丈夫在度假時如何玩鬧以及他穿著睡褲上街的事情，這些有趣的小事將會給宴會上的人們帶來許多笑料。你將會變成宴會上最出風頭的人物，你的丈夫自然就會成為人們尋開心的對象。

告訴丈夫，你才是最重要的

每當你的丈夫必須加班，或是出差辦公的時候，你就哭著向他抱怨和嘮叨，讓他知道你才是最重要的。你應該最值得照料而且應該受到重視，其他任何代價都是可以犧牲的。

如果你想要使用一流的手段毀掉你丈夫的前程，就依照上述的九條規則去做吧！結果是，他會失去他的工作，你會失去你的丈夫。

第二十章

發揮丈夫的長處

把自己的野心強加在丈夫身上的女人，
是世界上最可怕的女人。——李・雅各

幫助一個男人瞭解他的能力，與逼著他去做超出能力的事情，這兩者之間存在很大的差距。激勵丈夫的上進心與強迫他實現不可能達到的目標，經常是做妻子的最容易混為一談的兩件事情。

許多當太太的都不瞭解自己丈夫的能力。許多男人都因為被逼著去實現超出自己能力的目標而感到精神崩潰——通常都是因為他有一個野心太大的妻子。

有許多人在低層的職位上工作得很稱職、很快樂。強迫他們去爭取不適合他們的官職，就會使他們煩惱得患上胃潰瘍或是提早進入墳墓，因為並非每個人都適合坐上總裁的位置。

成功的意義在於我們把適合於自己心理、體力、個性的工作做得很好。大自然創造人類，不是希望每個人都成為董事長或是百萬富翁，一流的木匠比二流的經理人來得好。

認清丈夫的才能

如果你的丈夫是一個研究型人才，就不要想把他改造成一個彬彬有禮的應酬專家。任何不符合你丈夫本性的工作都只會給他帶來痛苦，無論這份工作看起來是多麼令人羨慕。

曾經有一個女人，她努力了二十年，終於把她的丈夫變成一位白領階層的上班族。

當她嫁給她丈夫的時候，她的丈夫本是一個快樂而高明的水管工。然而，她卻恥於讓自己的朋友看到她丈夫的工作情況，因此她開始了改造丈夫的努力。

為了使太太高興，這個可憐的傢伙不得不到一家大公司去當助理。多年下來，在太太的逼迫下，他在困難重重中也升了好幾級。但是他卻變得厭煩和無奈，感到工作對他來說絲毫沒有樂趣。

然而，他的太太終於覺得可以抬起頭來，並且四處向女伴們宣傳她是如何把自己的丈夫從勞工階層拉上來的。

過分逼迫一個男人，不僅會迫使他放棄喜愛的工作，還會給他的健康帶來損害。因為有時候升級不是幸運。

西瓦貝曼是一個巡警，由於他工作努力，被調到更好的部門。這個新職位雖然有高薪，但是需要更長的工作時間，而且壓力更大。他幾乎沒有時間與太太和女兒待在一起。但作為一個有責任心的警察，他還是決定要努力做好新工作。

然而沒多久，他開始變瘦，睡不著覺，脾氣也變得暴躁了。西瓦貝曼去找醫生檢查病因，經過一段長時間的談話以後，醫生認為這是由於壓力過大造成的。醫生告訴警察局長，如果西瓦貝曼不被調回巡邏的職位上，警方就會失去一個好警察。

西瓦貝曼被調回來了，他的健康也立刻得到改善。他可以正常地睡覺，脾氣也好轉了。

「我從這裡得到教訓，」西瓦貝曼說，「對我來說，升級不是一件好事。健康、幸福要比金錢、地位重要多了。」

很幸運，西瓦貝曼有自知之明，及時做出調整。有些人卻從來沒有意識到這一點，他們仍然痛苦地努力爭取爬上社會階層的頂端。

克制你的野心

要滿足於丈夫能力範圍內的工作，不要讓你膨脹的野心害了你的丈夫，不要費盡心機地去爭取超出丈夫能力的成就。

彼得・史坦克隆博士在他那本《如何停止謀害你丈夫》的書中，責備那些過分逼迫自己丈夫的妻子們——她們要自己的丈夫不停地努力，以爭取比她們的朋友更富有、更有地位。

「這種女人，」史坦克隆博士說，「天生就是追求名利的人，或是有極大的野心和虛榮心的人。她們的這種做法，最終只會破壞家庭的幸福。」

因此，作為妻子，你應該支持你的丈夫去發揮他天賦的能力，而不是強迫他進入所計畫的「成功」模式中。

如果你希望你的丈夫有所成就，就要鼓勵他、愛他。但是不要把他逼得太急，或是強迫他做那些超越自己能力的工作。

第二十一章

與男人一起冒險

與其在自己不喜歡的工作上浪費時間，不如嘗試自己喜歡的工作。對我來說，這種冒險是值得的。——希歐多爾・吉尼一個人只有從事他最喜愛的工作，才會得到更大的成功和快樂。也許在你眼中，讓你的丈夫從事他喜愛的工作簡直是一種冒險，但是你也必須與他冒這個險，如果你希望他成功。

發揚拓荒精神

任何一個希望丈夫成功的妻子，都要發揚吃苦耐勞的拓荒精神。你必須心甘情願地讓你的丈夫去做他最喜愛的事情，即使他的做法非常冒險。

不管遭遇什麼挫折，你必須深信丈夫的勇氣並且毫不畏懼地支持他。你要可以不顧一切地信任他，不會為了各種其他原因而退縮。

得不到妻子支持的男人，是不會有任何成就的。有一位男人，在他不喜歡的職位上工作一輩子，只因為他的太太不願意與他一起冒險創造新的生活。

這個男人最早的工作是會計員，後來他賺夠了錢，很想開一個汽車修理廠。在這個時候，他結婚了，但是他的太太認為在他們還沒有買房子以前，他最好不要辭去工作。

等他們有了房子以後，他的妻子又要準備生下第一個孩子了。他的妻子認為，開創自己的事業將是一件多麼辛苦的傻事——於是，日子就這樣過去了。

當他的薪水已經足夠家庭開銷，還有保險金可以提供孩子的教育費用時，還有必要開創自己的事業嗎？太可笑了！如果失敗了怎麼辦？他可能會失去在公司裡的年資、公司的退休金、疾病津貼，以及一份中等並且固定的薪水，於是這位男士就失去一切創業的機會。

許多妻子都不給她們的丈夫嘗試去做自己喜歡工作的機會。她們會說：「如果失敗了怎麼辦？」失敗不可怕，因為至少丈夫們會為已經做過自己喜愛的工作而感到滿足。而且，如果他們嘗夠了失敗的滋味，他們就真的會成功。

讓丈夫快樂工作

如果你的丈夫想要從一個他不太喜歡的安定工作轉到另一個較不安定，但可以使他高興的工作上去，你是否會高興地贊同？想想你為什麼會嫁給他，你就會有答案了。如果你還不知道，就看看查理斯・雷諾茲太太的做法。

查理斯・雷諾茲是一家石油公司的財務助理，他是一個能幹又討人喜歡的年輕人，前途不可限量。空閒的時候，雷諾茲喜愛繪畫。他的許多風景畫，都掛在了自己的辦公室裡。

雷諾茲喜歡自己的工作，但是他更渴望有更多的時間來作畫。他一向喜愛新墨西哥州的陶斯城，那裡是藝術家的樂園，並且願意放棄自己的工作，永久地移居到那裡。

他和他的太太露絲談到這件事情的時候，她說：「太棒了！我們可以賣掉這裡的每件東西，到陶斯城開一家繪畫用品店。我們也可以賣畫框，我照顧店面，你就可以畫畫了。我相信，我們一定可以成功。」

由於太太熱心的支持，查理斯・雷諾茲下定決心辭掉工作，專心作畫。不久，他就成為美國西南部最成功的畫家之一。如今，他已經是陶斯城畫家協會的會長，並且在陶斯城聞名的基特·卡森大街上，還有屬於他的畫廊和畫室。

查理斯·雷諾茲夫婦的冒險成功不值得驚訝，因為上帝更偏愛那些勇敢和堅強的人。

第二十二章

女人一定要有「女人味」

一個女人愛著一個男人，這個男人又愛著這個女人的時候，天使就會從天堂下來，坐在那個人家裡，唱起歡樂之歌。
——柏拉瑪

The Most Attractive Woman in The World

Dorothy Carnegie

你是那麼深愛你的丈夫，然而他卻不知道？不必為此感到驚訝，因為你在表達愛的方式上出現錯誤。

許多深愛自己丈夫的女人都會犯類似的錯誤。她們心裡雖然充滿對丈夫的愛，希望帶給丈夫快樂和幸福，但總是做著與此相反的事情：當丈夫趕著上班時，仍然像水蛇那樣緊纏他們不放；應該安靜聽丈夫說話的時候，仍然喋喋不休；管理家庭的時候，像一個嚴厲的軍事教官。

女人應該怎樣表達出對丈夫的愛？運用心的關懷，用你的心去撫摸他的心就足夠了。

向一流的秘書學習

每位一流的秘書都知道如何使自己的老闆高興。他們認真研究老闆的喜好，知道他喜歡什麼，不喜歡什麼。他們也知道什麼東西會使老闆生氣，以及在怎樣的環境下老闆才覺得心情舒暢。做妻子的技巧與一流的秘書十分相似，她們也需要這種體貼入微的觀察力。

最引人注目的成功婚姻，都是建立在妻子可以體貼丈夫和使丈夫快樂的前提上。

愛蓮娜・羅斯福總統夫人在談到如何使丈夫高興時說，她知道羅斯福非常喜歡自己的兒女，因此每次他們出去演講或旅行時，她總會安排兒女中的一個隨行。這種安排使總統感到非常高興，並且也有助於他在吃力的行程壓力下放鬆自己。

羅斯福夫人說，通常孩子們輪流和他們出外旅行，每隔兩個星期就輪一個。「在那些旅途中，總是有許多家庭趣事，」她說，「我們經常有說有笑，這使我丈夫更可以勝任繁重的工作。」

想讓你的丈夫高興很容易，只要你用心觀察就可以辦到。

做一些「犧牲」和讓步

許多時候，女人從小事上做一些「犧牲」和讓步，會讓男人覺得幸福，進而也樂意在某些事情上做出讓步。「女人先做一些犧牲」也是讓婚姻更美滿的秘訣。

情願放棄一些自己喜好的妻子所得到的報償，比起那些「犧牲」來是更值得。奧嘉・卡巴布蘭加夫人成功地運用這種方法。

奧嘉・卡巴布蘭加夫人是約瑟蘇爾・卡巴布蘭加先生的遺孀。她的先生曾經是古巴的外交官和國際著名的西洋棋冠軍。就像許多能力不凡的男人那樣，卡巴布蘭加先生也是一個非常固執的男人。但是他們的婚姻卻非常美滿成功，因為他有愛情、浪漫和相互的尊重。

奧嘉・卡巴布蘭加帶給她的丈夫許多快樂，所以她的丈夫也經常放棄一些本來執著的意見來博取她的歡心。她是如何做到這一點？只是做一些「犧牲」。

卡巴布蘭加先生心情不好而不想說話的時候，她會讓他獨自去思考，不會用嘮叨的話語來刺激他；她

卡內基夫人
做個最有
吸引力的女人。

本來喜歡舞會，但是她的丈夫大多數時間卻喜愛留在家裡，於是她心甘情願地放棄一些社交聚會；如果她的丈夫不喜歡她穿在身上的衣服，她就會立刻去換穿一件他喜愛的。

最重要的是，卡巴布蘭加先生喜愛哲學和歷史，但卡巴布蘭加夫人只喜歡讀起來輕鬆的書。然而，她還是細心地閱讀丈夫喜歡的書。正如她所說，她是為了「趕上他的思想，並且欣賞和領會他的談話」。

丈夫的回報

卡巴布蘭加夫人做了這麼多，她的丈夫有沒有因此而感激她？看了以下的事情，你就會知道。

卡巴布蘭加先生本來認為贈送禮物是一件非常可笑和矯揉造作的事情，但是有一次在情人節那天，他卻紅著臉，送給他的太太一盒非常漂亮的巧克力，這是他刻意想要對他心愛的妻子表示愛意。卡巴布蘭加夫人高興得無法形容，因為她那理性的丈夫竟然會送給她這種完全與理性無關的禮物！

自從這次以後，送禮物給自己的太太，就變成卡巴布蘭加先生最大的樂趣之一。有一次，他花錢請一名員工加班兩個小時，用一連串不同大小的盒子把一小瓶香水包裝起來，只是為了要看看他的太太打開這些盒子時的幸福表情。

卡巴布蘭加太太如此用心地創造她先生的幸福，她的丈夫也在博取她的歡心之中得到許多快樂，難怪他們的婚姻會這樣成功。

帶給自己丈夫幸福的妻子，同樣也會從丈夫那裡得到幸福。

第二十三章 分享丈夫的嗜好

共用每件東西——無論是一片麵包或是一個思想——都可以使我們的關係更親密。——湯瑪斯・戴爾分享我們所愛的人的特殊嗜好，在婚姻生活中，我們就會得到更多的幸福。

共用美好的東西——共同的朋友、嗜好和理想，將使夫妻的關係更親密。

在成功的婚姻生活裡，對對方嗜好的適應力是婚姻美滿的重要因素之一。

埃及豔后的秘密

埃及豔后克麗奧佩脫拉是每個男人心目中的理想情人，並非因為她的美麗，而是因為她有與別人共享快樂的能力。

她通曉她所有附庸國的方言，在此以前從未有統治者不嫌麻煩地學習這些話。當這些附庸國的使臣前來朝貢時，克麗奧佩脫拉不需要翻譯就可以與他們對話，這種做法贏得附庸國對她的熱心支持。

馬克・安東尼喜歡釣魚，喜愛奢華的克麗奧佩脫拉就穿著粗布衣陪他去釣魚。有一次，安東尼花了幾個小時也沒有釣到一條魚，她立刻叫奴隸潛到水底，把一條大魚掛在他的魚鉤上，與他開了一個玩笑。

有時候，克麗奧佩脫拉為了博取安東尼的歡心，化裝成平民，兩人跑到貧民區和下級賭場去狂歡作樂一番。馬克・安東尼的每件嗜好，克麗奧佩脫拉都熱心參與，並且與安東尼一起分享快樂。

每個男人都希望與心愛的女人一起分享自己喜愛做的事情，但是有多少女人願意穿上長筒靴和粗布衣服，不怕太陽和蚊蟲陪伴自己的丈夫去釣魚？

與丈夫共享快樂

有許多女人經常抱怨自己的丈夫把大多數時間都浪費在自己的嗜好上，卻從來沒有想過要與丈夫一起分享這些嗜好的快樂。

佛露蓮絲的丈夫是一個傑出的劍道運動員，她連有關劍道的淺顯術語都搞不清楚，但是她後來卻連續三次獲得全國女子劍道比賽的冠軍，又數次獲選為奧林匹克代表。

如果不是佛露蓮絲不怕麻煩地學習，和她的丈夫共用興趣與嗜好，她的丈夫可能就要放棄生命中一部分有價值的生活，或是她只好在丈夫追求喜好的運動的時候獨自過著寂寞的生活。

艾德加・華拉斯是一個著名的神秘小說與冒險小說家，他的工作非常繁重，賽馬是他最喜愛的消遣。華拉斯太太對這種貴族式的運動沒有特殊的興趣，但是她知道她的丈夫需要在繁重的工作中有一個鬆弛的機會，所以她會陪著丈夫去看賽馬，並且和他一起欣賞那些名駒，以鼓勵他花費更多的時間在消遣上。

妻子如果學會在丈夫的休閒娛樂之中得到樂趣，就不會被丈夫撇下不管。

法蘭西斯・休特太太剛結婚的那段日子過得很不愉快，因為她的丈夫還保持單身時代的習慣，休閒的時候都到朋友家玩。休特太太盼望她的先生可以經常留在家裡，但是她沒有對丈夫嘮叨、哭泣或是控訴他忽視自己。相反地，她開始研究並且學習丈夫的嗜好。

休特先生很喜歡下西洋棋，並且具有專業的水準。所以休特太太就請她的丈夫教她下棋。很快，她就成為一個相當高明的對手。休特先生喜愛與人交往，休特夫人就努力把家裡弄得十分舒適。於是，休特先生開始自豪地把朋友帶回家中，不會整天向外跑了。

這種做法很有效，自從休特太太學會丈夫的嗜好以後，休特先生不再認為有必要扔下妻子，跑到外面去玩了。

「我認為，」休特太太說，「妻子可以為丈夫做的最重要的事情，就是使他快樂。」

如果你也希望你的丈夫變得快樂，就盡量與丈夫分享共同的嗜好吧！

一第二十四章一

對男人一定要殷勤有禮

在婚姻關係中，禮貌的重要僅次於小心選擇伴侶，
但願少婦們對自己的丈夫都可以像對陌生人那般有禮，
任何男人都會被一張利嘴嚇跑的。——華特・丹羅切夫人

The Most Attractive Woman in The World

Dorothy Carnegie

有人說，殷勤有禮對於婚姻生活就像機油對於馬達一樣重要，所以聰明的女人對待丈夫一定要殷勤有禮，不能做「野蠻女友」，因為這樣會嚇走你的好男人。

殷勤有禮，牢固婚姻生活

現實婚姻生活中，許多女人都知道，不講理是吞噬愛情的癌細胞，但不幸的是，很多時候我們在對待自己的家人時，不如對待陌生人那樣有禮。

對於我們不認識的人，我們不會輕易打斷他的話，沒有得到允許，我們不會去拆朋友的信件或是偷窺別人的隱私，只有對我們自己家裡的人，我們才會口無遮擋，任意發洩自己的情緒。

正如桃樂絲·迪克斯所說：「非常令人驚奇的，但確實千真萬確的是，唯一對我們口吐難聽之言、有傷感情的話的人，就是我們自己家裡的人。」

這樣會對家人造成很大程度的傷害，嚴重的甚至會分裂彼此之間的感情。所以，聰明的妻子才不會做這種於己於人都不利的事情，她們會有意識地養成殷勤有禮對待每個人，尤其是對待自己的丈夫、自己的家人要更有禮貌，因為你的尊重會換得丈夫精神慰藉，對你眷戀不已。

如何殷勤有禮？

俄國著名作家屠格涅夫享譽世界，但是他曾經說：「如果在某個地方有某個女人對我過了吃晚飯的時候還沒有回家，表現出十分關心，我寧願放棄我所有的天才和所有的著作。」

可見，男人對婚姻的期待。所以，聰明的女人如果可以殷勤有禮地對待丈夫，就可以牢牢地抓住他的心。怎樣表現這種殷勤有禮？一般來說，要從以下幾個方面入手：

一、丈夫出入家門時給予幫助和問候，這包括幫助丈夫穿脫外衣，幫助其整理儀容，出門時祝他平安順利，回家時對他道聲辛苦。

二、對丈夫的錯誤不要大聲斥責，可以坐下來討論分析。

三、照顧好丈夫的起居生活，掌握他的生活習慣。

四、經常讚美和鼓勵丈夫的言行，使其精神飽滿。

卡內基夫人
做個最有
吸引力的女人。

雖然禮多人不怪，但禮也要有度，不要讓你的丈夫在家中覺得像是在接受飯店服務，要讓他在你的殷勤有禮的呵護中感受到幸福快樂。

第二十五章

適當地「放男人一馬」

但願丈夫和妻子永遠不要莫名其妙地區分你的和我的，
因為這樣會導致所有的訴訟，以及世界上所有的紛爭。
——傑瑞米·泰勒

The Most Attractive Woman in The World

Dorothy Carnegie

給丈夫留有自己的自由和空間是擄獲他們的心的又一招妙計。與其給丈夫一把大刀，卻因為害怕而限制他們活動的空間，不如直接給他一把水果刀，讓其自尊心得到滿足。

丈夫的私人天地

著名作家安德瑞・莫里斯在其作品《婚姻的藝術》中曾寫道：「沒有一對婚姻可以得到幸福，除非夫婦之間可以互相尊重對方的嗜好。更深一層說，如果希望兩個人有相同的思想、相同的意見和相同的願望，這是很可笑的想法。這種事情是不可能的，也是不受歡迎的。」

給你的丈夫留有甚至創造他的小天地，是表達你的信任和尊重的有效策略。如果你的丈夫喜歡集郵，你即使很反感這件事情也不能表現出來，你要換一個角度試著去認識集郵的好處，要懂得去遷就他，他會為此對你感激不盡。

著名傳記作家荷馬・克洛伊在寫《威爾・羅傑斯傳記》的劇本時為了便於創作，他與妻子經常住在加州杉塔・蒙尼卡羅傑斯的農場裡，單調的農場生活經常使他在創作中感到鬱悶，才思枯竭，於是有一次他住在農場時迫切想要一把外形不求好看，但非常鋒利的大刀。

當他把這個想法告訴他的太太時，她以為他在開玩笑，農場根本不需要這種大刀，可能是丈夫的突發奇想，但是聰明的妻子沒有勸阻丈夫打消這個念頭，而是走了很遠的路去城裡為荷馬・克洛伊買回那把大刀。當妻子把那把大刀送給丈夫時，荷馬・克洛伊欣喜若狂，摟著妻子又蹦又跳，因為他感覺到妻子對自己的愛和尊重。

在接下來的日子裡，荷馬・克洛伊帶著這把大刀去農場附近的林地中砍伐矮樹叢，為人們清理出可供馬匹和行人通過的小路。在釋放自身積蓄的鬱悶時，其身心也獲得徹底的放鬆，同時也啟動他的創造力。至今，荷馬・克洛伊經常說那把大刀是他得到過的最好的禮物，妻子是他這一輩子最信賴的人。

給丈夫足夠的空間讓他們形成自己的良好嗜好，不僅可以使丈夫身心更健康，工作更富有創造力，而且作為妻子的你可以獲得丈夫更多的信任和喜愛。

好嗜好帶來好生活

依據自己的心性形成的嗜好，不僅可以在平時消遣生活、陶冶情操，而且在困難的時候，好的嗜好甚至可以成為慰藉心靈的雞湯。

第二次世界大戰期間，美國人艾力克・克拉克夫婦在中國工作時被日軍俘虜，被關長達三十個月，在這三十個月的俘虜營中，許多的獄友因為無法忍受精神和肉體的雙重折磨或病逝或自殺，克拉克夫婦卻以飽滿的精神堅持到被釋放，這創造一個奇蹟，受到戰後廣大媒體的關注。

克拉克在接受《基督科學箴言報》的採訪時，不無感慨地說：「那段經歷讓我懂得擁有良好嗜好的重要性。很多時候，你的家庭和財產甚至是自己的特長都可能被剝奪，但是依照自己的心性而形成的嗜好，例如：對於音樂或文學的愛好，任何人都不可能奪走，這正是我戰勝那段艱苦日子的精神寄託。」

在俘虜營時，克拉克夫婦就是依靠他們的嗜好來克服自己身心的痛苦。尤其是克拉克的妻子在進入俘虜營時想盡辦法帶進了許多丈夫喜歡的樂譜，因為她深知丈夫酷愛聖樂的嗜好如果可以得到滿足，即使再艱苦的環境丈夫也可以挨過去。果然不出所料，在克拉克先生的努力下，俘虜營中的人從聖誕歌到吉伯特與蘇利文的輕歌劇幾乎都會唱了，這不僅舒解了克拉克自己的緊張情緒，同時也極大地放鬆了俘虜營中的人們的身心。到第二次世界大戰結束，他們獲得解放時，他們這個營中的人生還率是最高的。

因此，克拉克先生曾經深有感觸地說：「我願意鼓勵每個人培養出一種消遣嗜好，在沒事可做的退休狀態下，嗜好可以帶來許多幸福，不管這個退休狀態是自願的還是被強迫的。」

所以，聰明的妻子不僅不會去限制丈夫的嗜好，還要為其創造有利於其良好嗜好發展的空間，因為好的嗜好會給你們帶來好的生活。

創造空間，發展嗜好

我的朋友是一個單身貴族，有許多女孩圍繞在他身邊，可是他就是不想結婚，當我們問及這個問題時，他曾經說他害怕結婚讓他失去自己獨處的空間，失去獨處的空間也就意味著自己要放棄許多喜歡做的事情，這是他最不願意的。他周圍的女孩們卻具有很強的控制欲，讓他「望而生畏」。

可能一些妻子對此很不理解，認為有她們體貼關心丈夫的生活不是很好嗎？其實不然，作為妻子，尤其是一些以居家為主的女人，自己每天都有相對獨立的時間享受自由，對獲得自己的空間不太敏感。在外忙碌的丈夫則不然，因為幾乎一整天都在高度緊張的工作狀態中，下班之後急需得到放鬆。這個時候，聰明的妻子不應該在丈夫面前喋喋不休地嘮叨，而是應該依據丈夫的喜好，為其創造發展其嗜好的空間。

鼓勵丈夫每個星期出去和朋友們做他們喜歡做的事情，例如：釣魚、打橋牌、打保齡球，這樣不僅可以為丈夫培養有趣的嗜好，調劑單調的生活，而且可以讓他們有自己的空間享受自由，讓他們感到快樂無比，對妻子心有感激。為了家庭的將來，他們會更愉快地工作，創造的成績也很優秀。

一第二十六章一

女人要學會照顧自己

結婚以後，夫婦有非常親近的生活，他們在一起做每件事情，結果經常使彼此的嗜好造成不良的影響。

培養不同的興趣和嗜好可以造成經常的變化，幫助他們保持新鮮和活力。——塞繆爾為自己的婚姻不時地加一點調味品，是女人婚姻成功的不二法門。

在這些調味品中，又以培養自己的嗜好，不斷提升自己的魅力最有效。

讓自己的特長閃耀

與男人一樣，女人也要培養自己的嗜好，發揮自己的特長，這樣生活才可以過得精彩，尤其是那些家庭主婦，每天有很多閒置時間，如果不能及時找到填補這些時間的活動，就會使她們感到厭煩和疲倦，進而降低自己的魅力。因此，聰明的妻子在閒置時間會培養自己的興趣，做一些發揮自己特長的事情。

華爾特‧芬克伯納太太在孩子幼小時，整天待在家裡照顧孩子。當孩子睡著時，她經常感到莫名的煩躁，經常對丈夫發脾氣，兩個人之間的交流越來越少，關係一度惡化，當孩子長大了開始上學以後，在朋友的勸說下，她開始到聖魯克公會的全日制學校去授課，在此期間，她發現自己很有照顧小孩的天分，於是她又申請到聖魯克日間學校幼兒園去做老師。在做了這些工作以後，華爾特‧芬克伯納太太開始覺得生活充實，自信和魅力又寫在了臉上，丈夫高興地說：「那個我喜愛的女孩又回來了。」

芬克伯納太太在與朋友說到這段經歷的時候曾經說：

自從我開始工作以後，我發現生活中出現許多驚喜，例如：我以前對於家務的要求非常嚴格，每件小事都不放過，現在我的眼界寬了許多，不再把時間浪費在這些小事上。每天早上，我都提前一個小時起來收拾屋子，然後開車送孩子們去上學，隨後到自己的學校去上班。

我在學校負責孩子們的飲食和午休，星期三晚上，我會陪丈夫和一些朋友打保齡球。星期四晚上空下來我就去參加教堂的一個討論會。這個討論會在心理上給我許多好處，再加上每個星期三次的兼職教課，我的工作表就排滿了。

這些家庭以外的工作為我的生活帶來很大的變化，例如在家人聚集的晚餐時刻，我有更多的話題拿出來與大家分享，這讓我獲得前所未有的滿足感。

因為我曾經讀過描述一個精神病患者的文章。這個患者小的時候，由於父母經常把餐桌當戰場，要爭論問題，所以她現在想要吃東西的時候，就會把每一口食物都吐出來。所以，在我們家裡有一個規矩，吃飯的時候，只能談那些愉快的話題。晚餐就是一個綜合彙報時間，到那個時候，我們全家可以一起分享這一天有趣的事情。我的這個具有創造性的工作計畫，讓我有更多有趣的事情和他們分享。

這些也給我更好的價值觀念，我不再去在意從前困擾我的小事，而是把精力集中在比較重要的事情上。例如：怎樣把我的家變成一個溫馨的港灣，讓每個人都感到舒服愉快。

可見，聰明的妻子不可以把時間空耗在枯燥的等待中，要讓自己的特長閃耀出更多的魅力，在獲得自信的同時，讓丈夫對自己刮目相看。

培養多元化的嗜好

著名作家塞繆爾和艾瑟・克林在他們的《婚姻指南》中寫道：「結婚以後的夫婦有非常親近的生活，他們在一起做每件事情，結果經常使彼此的關係造成不良的影響。培養不同的興趣和嗜好可以造成經常的變化，幫助他們保持婚姻新鮮的活力。」

所以，聰明的妻子不是一味地去迎合自己丈夫的嗜好，而是要客觀認真地分析自己，看看自己是否具備某些特殊的天分，如繪畫、音樂、舞蹈；如果沒有就想想是否有什麼事情是自己一直想做的，如果有就立刻著手去做；如果你一時想不到自己要做什麼，你還可以看看周圍的人們是怎樣休閒活動的，選擇一個你感興趣的活動加入。這樣你不僅可以培養自己的興趣，同時還可以擴大視野，增加交友的機會，讓你的生活豐富起來。

一第二十七章一

做一個居家好女人

生命帶給女人的最偉大的職業，

就是做一個妻子。——瑪米・杜德

The Most Attractive Woman
in The World

Dorothy
Carnegie

居家好女人，先從家務中找到新的工作方式和樂趣，並且以使家庭溫馨、平和為己任。

做好一切不簡單

隨著社會經濟的發展，人們的價值觀念發生很大的變化，一些人開始不屑做居家好女人，認為做一個家庭主婦太沒出息了，其實這完全是誤解。正如一位社會學家在談到家庭主婦的價值時曾經說：「只是一個家庭主婦——哦，老天！這就像在一個國際會議裡聽到一個男人說，『不必為我操心，各位先生，我只是一個美國總統。』」

所以，做居家的女人應該感到自豪而不是自卑，因為你扮演的角色，在一個星期中所需要的各種才華甚至比專業演員表演需要的技藝更多。根據有關人士分析統計，作為一個家庭主婦需要具備這些技能：必須是洗衣工、廚師、裁縫、護士、保姆、購物專家、公共關係專家、人事主管、牢騷應對對象、總經理和顧問，甚至要成為兼職司機、書記員和記帳員。

而且，只具備這些技能還不夠，居家女人還必須保持自己的魅力，以免丈夫「紅杏出牆」。一個身價過億的老闆也不能完全做好上述統計的工作，但是居家好女人就可以做到，而且做得相當完美。

所以，做好居家好女人確實不簡單，任何一個居家女人都應該引以為豪。

你成就了這個成功的男人

瑪麗妮亞・范韓與佛迪南・倫德柏格在他們的著作《女人——被忽視的性別》中說：「研究結果顯示，由於妻子在家裡做了大多數的工作，就不必再雇請別人，因此丈夫收入的有效運用價值，增加了三〇％～六〇％。」

世界知名成功男人之所以取得令世人矚目的成就，通常與妻子的幫助與支持密不可分，這些妻子都認為做好居家好女人是非常崇高和有意義的，美國前總統艾森豪的妻子瑪米・杜德就是居家好女人的傑出代表。

瑪米・杜德・艾森豪在接受《今日女性》雜誌專訪時曾經說：「生命帶給女人的最偉大職業，就是做一個妻子。」在這篇專訪中，瑪米・杜德・艾森豪坦誠她對做一個居家好女人的看法：

洗小孩的襪子和全家人的髒衣服，這是令人厭煩的事情。一個家庭裡有做不完的瑣事，有時候看起來就像是一些可有可無的小事，尤其當你的丈夫從外面帶回來許多重要的消息並且問你「親愛的，你今天做了什麼」的時候，你可以說的只是「唉，我今天交了水電費……」就是這些時刻，你一定很想到外面找工作，融入人群中，同時賺一些外快，但是如果你不向那個誘惑屈服，你的生命可以獲得更多的回報，如果你向誘惑屈服，二十年以後，你將發現你自己除了一個職業以外，什麼東西也沒有，或是你會發現，你的家庭一直是被你和你的丈夫所遺棄的，不知道該如何去珍惜它。

如果我現在才結婚，我還是願意像以前那樣做家庭主婦。我將會努力去做，善用我丈夫微薄的薪水來料理家務，多結交一些朋友，每天早上都看著他吃完熱騰騰的早飯以後去上班，我要盡我最大的能力幫助他實現任何理想。

做居家好女人是我的工作和我的樂趣，想盡辦法盡我的能力，使艾克的家庭永遠保持平衡和安定，這是我感到最奇妙、最有價值、最繁忙而最快樂的生活。

作為居家好女人，瑪米・杜德・艾森豪做得相當出色，因為她曾經幫助丈夫踏入美國最有權力的房子——白宮。

讓年輕寫在臉上

做一個居家好女人，一定要懂得如何放鬆自己，這是保持自己魅力的法寶。具體來說，你可以嘗試以下做法：

一、只要你覺得疲倦了，就平躺在地板上，盡量把你的身體伸直，如果你想要轉身的話就轉身，以自己舒服為宜，每天做兩次。在做這些動作時，你可以盡情遐想美好的景象，如明媚的太陽撫慰著你，天空潔淨湛藍，你彷彿回到無憂無慮的童年。

二、如果因為正在忙著做事，例如廚房裡正在煲湯，而不能躺下來，你可以坐在椅子上，將背挺直，兩隻手掌向下平放在大腿上，閉上眼，深深呼吸幾次，效果與躺下完全相同。

三、躺下以後，慢慢地把你的腳趾蜷起來，然後放鬆，重複幾次，再慢慢朝上，運動各個部位的肌肉，最後一直到你的頸部，然後讓你的頭向四周轉動，並且在心裡重複「放鬆……放鬆……」

四、用平緩穩定的深呼吸平定你的神經，因為有規律的呼吸是安撫神經的最好方法，如果有時間最好去學習印度的瑜伽術。

五、平時有意識地不皺眉，不緊閉嘴巴，就可以減少甚至抹平你臉上的皺紋。

總之，要讓年輕寫在臉上，要讓魅力永保青春。

一第二十八章一

給丈夫一個舒適的家

讓一個男人在家裡感到舒適得像一個國王，
是讓他留在家裡的最好方法。——理查・安德森

The Most Attractive Woman in The World

Dorothy Carnegie

家是丈夫的避風港，是讓他們身心最放鬆的地方，不能用自己對家庭的清潔標準來要求丈夫也要保持地板一塵不染，不能陷入自己的家庭工作成就中。

作為一個好妻子，要為丈夫創造出一個充滿溫馨、安全和舒適的愛的小巢。

輕鬆自在

社會競爭日趨激烈，每個男人在工作中都會感到迎面而來的壓力，因此在勞累緊張了一天以後，家就成為他們最企盼的放鬆和休息的地方。

但是有時候，丈夫在家裡得不到休息和放鬆，因為他的妻子是一個喜愛潔淨的家庭主婦，她不允許丈夫在家裡抽菸，那樣會使窗簾沾上菸味；她不允許丈夫看完書報以後亂扔，從哪裡拿的就要放回哪裡。在這樣的家庭裡丈夫可以得到放鬆才怪，長此以往勢必會造成家庭衝突。

喬治・凱利的《克萊格的妻子》之所以會受到歡迎，就是因為現實中許多女人都很像女主角哈麗萊特・克萊格。在劇中，哈麗萊特生活的主要重心就是保持家裡一塵不染，她甚至連坐墊放錯也不能忍受，丈夫的朋友來訪不受歡迎，因為他們會把東西搞亂。她認為在我們眼中很正常的她的丈夫是一個破壞專家，因為她的丈夫經常擾亂她創造出來的完美。

這個妻子的做法是非常不明智的，如果讓丈夫在家中也感到緊張，不可能養精蓄銳為明天奮戰。

所以，聰明的妻子在丈夫把星期天的報紙、菸蒂、眼鏡盒和其他各件東西隨便亂丟在自己辛勤收拾乾淨的客廳時，不要對其破口大罵，甚至拿吸塵器去敲丈夫的頭，要對此報以寬容的微笑，因為家是他們可以得到徹底放鬆的唯一地方，只有做妻子的才可以給他們提供這個地方。

舒適自在

當妻子在布置房間的時候，經常會忽略丈夫對舒適自在的需求，這正好是丈夫對家最大的需要。很多妻子喜歡根據自己的喜好，在家裡放置細長的桌椅、精緻的毛織物、冗雜的瓷飾品，這樣實質上剝奪了丈夫擱腳、放菸灰缸、報紙和雜誌的地方。

男人大多不拘小節，以方便舒適為最大原則。比如，我的一個女朋友曾經從巴黎買了一些可愛的古香古色的菸灰缸放在家裡，結果她的丈夫卻在廉價商店裡買回來幾個玻璃菸灰缸，而且把它們放在樓上樓下使用。當客人來訪的時候，他們也都用那些廉價的菸灰缸，我朋友的那些精緻的菸灰缸只好被束之高閣。

聰明的妻子要明白，當你的丈夫對你辛苦布置好的家造成破壞時，很可能是因為你的布置方式沒有體現方便舒適的原則。如當丈夫把報紙滿地亂丟時，可能是茶几太小或是上面堆滿了裝飾品，他根本就找不到地方放報紙，這個時候，你就應該重新考慮你的布置方式。

聰明的妻子在丈夫到處亂彈菸灰時，會給他買幾個大型的菸灰缸；丈夫經常把腳擱在你心愛的腳凳上時，她會把這個腳凳拿到客廳，然後替丈夫買個物美價廉的腳墊，給丈夫安排一個屬於他的地方，專供放

有秩序和清潔

任何一個丈夫都希望自己的家乾淨整齊，對於男人來說，自己可以不拘小節，但是別人不能這樣，尤其是自己的妻子、自己的家。

如果你讓家裡早餐的碗筷到晚餐的時候還放在水槽裡不洗，浴室裡堆滿廢棄物，臥室也不加以整理，而且吃飯的時間不固定，飯菜水準也不講究，長此以往，你的丈夫一定會離家出走。

當然，對於有修養的丈夫，偶爾的一次不整齊是可以得到體諒的，尤其是在家裡大掃除時，他會毫無怨氣地吃剩菜剩飯，當你遇到一些必須立刻要解決的問題時，丈夫也會幫忙做家務為你解決麻煩。

但是，切記這種事情不能經常發生。

氣氛快樂祥和

保羅・柏派諾博士是洛杉磯家庭關係協會會長，他相信家庭應該是男人的避難所，可以使男人從業務的麻煩裡得到安寧。他說：「在現代日趨激烈的社會競爭中生活，不像野餐那樣輕鬆愉快，他必須整天和對手競爭，在各種情況下都是，到下班鈴響的時候，他渴望安詳、和諧、舒適、愛情……」

「在公司裡，大家都盯著他是否出錯，妻子不會把她自己的困擾加到丈夫身上，也不會給他製造一些新的麻煩，她會恢復他的精力，保護他的精神，在情感上使他愉快，使他在第二天早晨可以精神飽滿地出門。」

「在家裡可以創造出這種氣氛，可以在丈夫的生活裡盡到妻子責任的女人，可以說是最瞭解自己職責的妻子！」

可見，營造家裡的氣氛是女人的主要責任。你的丈夫在工作中的表現，將會受到這種氣氛的影響。

作為一個女人，當然不希望丈夫成為工作狂，但是又希望他可以在工作中有良好的表現，如果你可以創造出一種快樂祥和的氣氛等著他回到家裡，就可以使他既不會成為工作狂，又可以獲得好的業績表現。

這是我們的家

男人對家庭的關心與女人是同樣的，但是他們需要一種這個家裡沒有他們就不完整的滿足感，所以聰明的妻子要充分理解和掌握男人的這種心理。

例如，家裡需要添置一件新家具時要認真地與丈夫商量，共同決定。又如，丈夫想親自下廚做菜，可以在星期天晚上讓他在廚房裡自由發揮，雖然他會留下滿是汙漬的杯盤碟碗讓你為他清洗。

如果不能讓你的丈夫有上述的滿足感，家庭生活肯定不會和諧，正如以下這個例子所反映的：

有一個妻子很擅長裝飾屋子，而且每次花費也不多，所以她的家很精緻：柔軟溫和的色調，精緻易碎的裝飾器具，精巧雅致的設計風格，可是她的丈夫卻是一個不太拘小節的高大魁梧的男人，在這個女性化的仙境裡，她的丈夫顯得格格不入，他在自己家裡都覺得渾身不自在，所以他招待他的朋友和同事一般都去戶外活動，無意間就疏離了他的妻子。他的妻子抱怨這種生活狀況，但是她卻不從自身找原因，一味地責怪丈夫。結果可想而知，最後兩個人不得不分手。

所以，家是夫妻雙方共同的休息所，聰明的妻子會讓丈夫在家裡「覺得」自己像一個國王，進而為家庭做出更大的貢獻。

一第二十九章一

有效利用時間

女人大多覺得做家務佔去太多時間，其實這種看法值得詳細地探討，如果任何一位女士願意把她一個星期的時間詳細記錄下來，結果可能會使她大吃一驚。

——保羅・柏派諾

The Most Attractive Woman in The World

Dorothy Carnegie

愛蓮娜・羅斯福是美國前總統羅斯福的妻子，她每天的活動排滿了整張日程表：演講、寫作，奔波於各國之間為和平而努力，許多比她年輕一半的女人也難以勝任這種忙碌，當問及愛蓮娜如何可以有條不紊地完成這麼多事情的時候，她說：「我可以有效地利用時間。」

時間的浪費

美國著名的思想家班傑明・富蘭克林在談到時間的價值時說：「時間就是金錢，假如說，一個每天可以賺十個先令的人，玩了半天，或躺在沙發上消磨了半天，他以為他在此娛樂上僅僅花了六個便士。不對！他還失掉了他原本可以賺得的五個先令……記住，金錢以其本性來說，絕對不是不能生值的，錢可以生錢，而且它的子孫還會繁衍更多的子孫……誰殺一頭生存的豬，就是消滅牠的一切後裔，以致牠的子孫後代，如果輕易毀掉五先令的錢，就是毀掉它可以產生的一切，也就是說，毀掉一座寶庫。」

可見，任何人想要成功，就要重視時間的價值，當然女人也不例外。

現實生活中，女人浪費時間的現象比比皆是。

保羅・柏派諾博士在其著作《如何創造婚姻生活》中寫道：「女人大多覺得做家務佔去太多時間，這種看法值得詳細地探討，如果任何一位女人願意把她一個星期的時間詳記下來，結果可能會使她大吃一驚。」

你也應該為自己試試，把一個星期內在你清醒的時間所做的事情記錄下來，看看結果如何。你也許會驚訝地發現，你浪費時間的事情太多了：例如，上午十點～十點四十五分和朋友聊天；下午一點～兩點和隔壁鄰居聊天；三點～四點三十分與朋友逛街。

這個星期記錄將會明白地指出，你在日常生活中是如何浪費了時間，然後你可以拾遺補漏，重新擬定自己的時間計畫。

利用零散時間

羅斯福當總統的時候，他的桌上總是擺著一本書，所以他可以在兩次約會之間的二到三分鐘的空檔裡讀書。羅斯福曾經說過，他父親的臥室裡有一本詩集，所以他可以在穿衣服的時候背下一首詩。

可是，許多女人不像美國總統那樣忙碌，卻經常抱怨自己沒有時間做事，其實在預定計畫表裡出現的空檔可是一筆不小的時間財富。

沙爾瓦多・蓋塞迪是一個很有經驗的顧問工程師，他的妻子也是他的助手，提娜・蓋塞迪把她的丈夫在事業上所使用的高效率方法應用到了家庭管理上。

除了料理一成不變的家務以及照顧他們的三個小兒子以外，蓋塞迪太太還要做秘書、記帳員、人事經理，並且為她的丈夫擔任研究助理——同時還要參加地方社團與家長教師聯誼會的工作，在談到如何利用時間時，她說：

我們的信念是清除掉雜草，我們就可以天天欣賞到花朵，那就是說，盡可能在最短的時間裡做完基本必做的工作，如此我們就可以擁有更多的空閒去做我們喜歡的事情。

有三個活潑的小孩以及一棟龐大的房子和花園需要照顧和整理，還有社團活動，做我丈夫的秘書，再加上要負責家裡的文化、家教與社會職責。我所有的時間都要做別人兩倍的工作，還要盡力做一些力所能及的事情來幫助我丈夫，找出一些他可能漏掉的文章，提醒他重要的集會，為他構想一些改進的方案。

我曾經在洗碟子或是替小孩子熱奶的時候，想出許多增加營業效率的方法，我們在遊玩的時間和孩子們一起做運動，我們大家都在一起玩。

我們的工作進度表是有彈性的，並非固定不變，有時候我們會把身外事務拋開，專心去做一件特殊的事情或計畫。

這樣在一起工作，和丈夫共用各種看法以及擴展我們的視野的欲望，使得我們的生活充實而富有變化，而且充滿幸福，這種生活是有趣的，因為我們的目標是一樣的，我們可以有始有終地做下去。

可見，蓋塞迪夫婦懂得如何生活，如何工作以及如何把生活和工作協調進行而獲得良好的結果。因為他們從來不浪費時間，而是可以將生活和工作中的零散時間串接起來，為他們豐富多彩的生活提供有效幫助。

女人要這樣安排時間

現實生活中，總有一些人在照顧丈夫和孩子的同時，自己的生活也過得津津有味，相比那些整天抱怨沒有時間做事的女人，這些女人更會安排自己的時間和家務，如果你還不是一個會安排自己時間的人，以下的時間安排對你來說是大有裨益的：

一、花一個星期的時間把你每天的時間安排做一個詳細的記錄，看看你的時間有沒有浪費，如果有，浪費在什麼地方。

二、每個星期做一個時間計畫表，除非出現特別緊急的事情，原則上不要打破每天的時間計畫。

三、盡量採用省時省力的方法。例如：每個星期去兩次超市，採買家裡所需的物品，不要想到什麼就去超市，這樣會浪費很多時間；計畫好每天的菜譜所節省的時間之多是你想不到的，所以盡量有計畫地採用省時省力的節約時間的方法。

四、妥善利用你每天「浪費掉的時間」。在這些時間裡，試著去做一些你平時沒有時間做的事情，其效果會令你大吃一驚。

五、統籌時間安排，在你煲湯的間歇時間裡你可以做很多事情，如清理洗完的衣服，看一會兒書報，化一個淡妝。

六、利用現代化工具來省時省力。如，可以上網瀏覽自己所需的物品，進行網上訂購。

七、在逛街前最好對自己所要買的東西的價格有一個大概的瞭解，性價比適合就買下來，不要從頭逛到尾浪費時間。

八、在做一件事情的時候，最好不要中途停止，因為停止以後再做就要多花一半的時間，所以盡量讓別人不要打斷你。

阿諾德·貝內特在其著作《如何利用一天二十四小時》中曾經說：「時間的賜予，真是每天的奇蹟……你在早晨醒來時，噢！像魔術那樣，在你的生命世界裡，還有沒使用的二十四小時！這二十四小時是你最珍貴的財產。」

可見，每個人都擁有同樣多的時間，關鍵就是看你怎樣利用和安排。

第三十章

打理家務要找到訣竅

很多工作可以五個步驟完成，但是現實生活中，許多女人用了十六個步驟去做。——瑪麗・戴爾對有些女人來說，家務就像是抽不斷的蠶絲，似乎永遠做不完；對於另一些女人來說，卻總是可以在把家務打理得井然有序的同時，做一些自己喜歡的事情。為什麼會這樣？因為這些女人找到打理家務的訣竅。

重新審視工作方法

實際上，每個丈夫都希望每天看到一個神采奕奕、魅力無窮的妻子，不願意看到因家務操勞而憔悴不堪、自己都不忍再看第二眼的家庭主婦。

根據有關部門研究，無法改進工作效率是家庭主婦的最大缺點。很多工作可以五個步驟完成，但是現實生活中，許多家庭主婦用了十六個步驟去做。所以，想要掙脫家務的束縛，最好就是來重新審視你的工作方法，看看有沒有兩個步驟就可以做完的而自己卻花了四個甚至更多的步驟？

例如：做早餐的時候，如果你從冰箱裡把需要的東西一齊拿出來，就會節省時間、精力和資源；不要拿雞蛋開一次冰箱門，拿麵包開一次冰箱門，拿牛奶又開一次冰箱門。

其實，做家務節省時間的方法很多，你把海綿和抹布放在房間的角落裡，每天隨手擦洗，這比起一個星期大擦大洗一次要簡單多了；使用「走到哪裡，掃到哪裡」的方法，如此就不會在週末因為有許多做不完的工作而令你沮喪不已。

很多聰明的女人在晚上洗盤碗的時候順便擺好早飯時用的餐具，這樣可以省下把碟子洗淨收好，隔天早晨再把它們拿出來的麻煩，進而使準備早餐的時間更充分。

所以，聰明的妻子想要將家務打理得井然有序，尤其是現在還身陷於其中的女人，最好重新審視自己的工作方法，盡量簡化自己的工作步驟。

運用統籌方法

家務永遠做不完，打理家務的訣竅就在於統籌安排時間。

統籌安排時間的方法對於女人打理家務是非常實用的，這種方法簡單地說就是要在最短的時間內做最多的事情。例如：在爐上煮飯的時候，可以把要做的菜清洗乾淨，把所用的材料找出備齊，在飯熟以後，立刻開始炒菜，就可以把工作集中在一段時間內完成，進而留出更多的空餘時間去做自己喜歡的事情。

因此，你在打理家務時可以充分運用統籌安排方法，把家務相對集中在一段時間裡完成，這樣你就可以從家務中脫身而出，做一個快樂的家務高手。

一第三十一章一

提高丈夫的社交能力

即使是世界上最害羞的人，如果談起他最感興趣的事情，也會娓娓道來。——珊蒂・克羅斯已故的佛羅倫茲・齊格飛曾經是一位出色的藝人，他不使用怪物招徠人，但是他可以使女孩們變得很漂亮。據說，他可以使任何一位身材普通、相貌平常的女孩在他的幫助下變成令人羡慕的美女。

有鑑於此，聰明的妻子也一樣可以利用有效的方法，將木訥的丈夫變成大家喜愛的社交明星。

讓丈夫受人喜愛

社交活動是一個人獲得成功的必備條件。不管你是賣雜貨、賣保險、開飛機或是經營小買賣、為名人寫專欄，甚至是主持一家大公司，只有你得到別人的喜愛，才會得到許多事業上的幫助。

作為妻子，你可能在業務上給丈夫幫助的機會不大，但是你只要盡力，就可以使丈夫在社交上受到重視。

正如，「你看到他妻子注視他的眼神，就知道他的本性絕對不會是一個壞蛋」。這句話曾經把許多搖搖欲墜的公司主管從社交危機之中解救出來。聰明的妻子只要盡可能地幫助丈夫，讓他注意自己的言談舉止，幫助他穿衣打扮，提醒他社交時應該注意的事項，就可以用女性的特有目光，讓自己的丈夫贏得大眾喜愛。

讓丈夫才華畢露

有些女人以為，讓丈夫受到別人的重視，就要炫耀自己。其實，聰明的女人不會採用這種拙劣粗俗的方法，因為她們知道讓丈夫成為社交高手的最簡單方法就是在各種場合讓丈夫盡顯其擁有的才華。

著名的傳記作家卡梅隆・西普的妻子卡莎琳經常在他們的家中宴請朋友。在與朋友聚會時，卡梅隆可以用木炭在他們的院子中烤出非常好吃的牛排，而且經常可以說出一些非常幽默機智的笑話，使原本社交能力一般的丈夫日趨受到大家的歡迎。

紐約的約瑟夫・福來斯是一位成功的小兒科醫師，也是一位很有天分的業餘魔術師。他的妻子瑪格麗特在招待朋友們時，經常會讓他們觀賞一場即興的魔術表演。約瑟夫盡其表演才華，瑪格麗特和他們的孩子幫忙助陣，每次都可以獲得客人們的稱讚，約瑟夫的好名聲和好人緣也日趨增強。

這些聰明的妻子巧妙地讓社交場合裡的注意力集中在她們丈夫身上，自己扮演次要的角色，讓丈夫在社交信心增強的同時，自然地提高社交技巧。而且這樣做會使家庭關係更和諧，比起那些張揚的妻子來說，顯然高明許多。

讓丈夫融入社交話題

也許你的丈夫在工作上業績優秀，但是到了社交場合卻無所適從，甚至不知所措，因為他沒有聊天的經驗，也不知道該從何說起。這個時候，一個聰明的妻子就會不著痕跡地引領丈夫融入大家交談的話題，使丈夫自然地加入。如「哎喲，這使我想起了上個星期我丈夫與他的客戶的一件有意思的事情，你當時怎麼說，老趙？」這樣你的丈夫就可以很自然地接著談下去。

作為一個聰明的妻子，你要明白即使是世界上最害羞的人，如果談起了他最感興趣的事情，也會娓娓道來。有一位年輕的妻子在談到她如何使她的丈夫從一個男性「牆花」變成一個社交明星的時候說：

我的丈夫是一個非常熱心、受人喜愛的人，但是由於他生性木訥，只有我們這些比較親近的人才知道，他很少主動認識新朋友，他的羞怯讓別人以為他很冷漠。這給他的工作帶來一些麻煩，為此我開始努力幫助他。

我的丈夫自尊心很強，如果當面告訴他，他一定會很難過，所以我想了一個方法，就是要在他不知道的情況下幫助他。我的丈夫很喜歡攝影，於是我就有意識地把我周圍朋友中喜歡攝影的人介紹給他，讓他們成為按快門的好朋友。

每當談論切磋攝影技巧時，我的丈夫都可以與新朋友侃侃而談，而且在這種無拘無束的談論中，他們經常可以自然地聊到其他的話題，而且為了我丈夫可以與新朋友更容易進入話題，我會經常把他將要遇到的新朋友的情況簡要跟他說一些，使他有談話的話題。如，我們今天一塊來郊遊的李先生是做木材生意的，他的女兒今年剛滿五歲，特別可愛。

由於我的這些努力，我丈夫現在整個精神面貌都煥然一新，他開始喜歡參加聚會，結交新朋友，生活和工作的信心越來越充足。當聽到別人說我的丈夫真棒時，我覺得幸福極了。

所以，作為一個聰明的妻子，即使你的丈夫再缺乏社交才能，只要你可以投其所好，循循善誘，他一定會成為大家喜愛的人。

第三十二章

女人是男人最好的推銷員

成功的男人都知道妻子對他們的重要性，因為他們的妻子會巧妙地向全世界宣布，她們嫁給一個多麼偉大的人物。

——比爾・伯恩

The Most Attractive Woman in The World

Dorothy Carnegie

男人的事業成功程度和生活狀態，大多是從他們妻子的口中流進人們的耳朵，所以聰明的妻子從來不會放棄推銷丈夫的任何一個場合或機會，她們會不著痕跡地對其丈夫進行讚美。

我的丈夫，我推銷

聰明的妻子都知道自己對丈夫的態度會影響別人對自己丈夫的印象。因為人都有一種傾向，就是容易受別人評論的影響。例如：你對一個小孩說他太笨了，他就會比以前更笨拙；你讚美一個小孩懂事知禮，這個小孩會更有禮貌。

聰明的妻子都可以為她們的丈夫創造出有益於他們發展的形象。她們會有意無意地說出這樣的話，「我想要和我丈夫一起去參加這個聚會，但是他現在忙死了，他正在處理報上登的M公司的訴訟事件。」或是「下個星期，我們家老李要去B大學演講，他太忙了，我也只能在晚上見到他！」

這些妻子隨口說出的話，會讓人們形成一種心理印象，認為她們的丈夫肯定是年輕有為，無形中就會產生推銷的作用，甚至增加拓展事業的機會。

稱讚我的丈夫

很多有涵養的人不喜歡自誇，這固然是一種好品格，但反過來卻失去許多的表現和讓別人瞭解的機會。這個時候，聰明的妻子就應責無旁貸地站出來為自己的丈夫宣傳一番，只要保持良好的風度，「稱讚我的丈夫」無傷大雅，甚至可以為丈夫創造更多的發展機會。

著名的俄羅斯芭蕾舞團演員摩絲西琳・拉金曾經是亞利西亞・瑪律柯法和亞歷山大杜拉・丹尼祿法這兩位世界著名舞蹈大師的搭檔。在與自己的丈夫亞辛斯基結婚以後，他們組建一個自己的舞蹈團，在全國進行巡迴表演。

當她的朋友問到她的近況時，她每次都回答：「很好呀！你知道嗎？亞斯加（她先生的小名）一直就想要組建一個舞蹈團，現在他的夢想實現了。他不僅自己要跳舞，而且還要充當導演與舞團管理的工作，他現在做得好極了。」

卡內基夫人
做個最有
吸引力的女人。

許多傑出的演藝人員都擁有表演才能，當他的妻子又說他擁有經營管理才能時，會在他原有的名氣上增加更多的光環。

我的丈夫最偉大

美國芝加哥律師協會會長柯西曼・畢塞爾在一次集會上曾經對他的會員們說：「好好地巴結你的妻子，你的妻子可能是你最好的推銷員，只要她做得不過分，她可以很得體地誇獎你，但是你卻不能學到她那種好風度。」

每個人都有自己的缺點，即使是偉大的人也在所難免，像貝多芬是一個聾子，拜倫是一個跛子，拿破崙怕在大眾面前演講，甚至連勇猛無比的亞契爾斯也有他的弱點，他的腳跟有問題，不能長時間走路。

聰明的妻子不僅可以使別人注意到丈夫的長處，還可以將丈夫的缺點降到最低。

做生意的人都明白記住別人姓名和樣子的重要性，但是這正是讓很多人頭疼的事情。如果你是一個聰明的妻子，就不要強迫你的丈夫去記那些他不喜歡甚至根本記不下來的名字，最好自己去記住那些名字，當丈夫因為想不起某個人的名字而尷尬時，你適時衝上去解圍。

聰明的妻子還可以彌補丈夫後天學習上的缺陷，許多自學成才的大人物就是得益於他們有學識有教養的妻子的幫助，安德魯・詹森總統就是結婚以後在妻子的幫助下學會讀書和寫字。

卡內基夫人
做個最有
吸引力的女人。

所以，聰明的妻子從來不把自己的丈夫和別人比，她們認為自己嫁的丈夫是世界上最偉大的人，當丈夫的才能被別人埋沒時，她們會讓丈夫的才華不留痕跡地顯露在眾人面前。如在與朋友的談話中無意識地提到丈夫做過的成功的事情，鼓勵丈夫發表自己的意見，為丈夫擴大交際圈。

總之，她們會讓人覺得她們的丈夫是那麼了不起、那麼重要。

一第三十三章一

做一個家庭理財高手

聰明的妻子可以讓家裡的錢袋永遠都充足，
因為她們是理財高手。——黛安娜・史旺

腦筋糊塗、用錢浪費的妻子，長得再漂亮也不會魅力長駐，因為她們在理財方面的不良習慣會使她們的丈夫背上沉重的經濟負擔。

更新觀念

隨著市場經濟和全球化的發展，物質的極大豐富，我們可以買到的東西越來越多，但是我們需要花錢的地方也是越來越多。例如：隨著物價膨脹，生活水準的提高，對於一個孩子的教育投資變得越來越大，作為妻子，這都是不得不考慮的問題。

一些妻子可能認為只要家庭收入增加，所有的問題都可以迎刃而解，這是一個非常錯誤的觀念，因為根據專家分析，對大多數人來說，增加收入只是造成花費的增加。

所以，聰明的妻子要更新理財觀念，精明地花好每一分錢，不能無計畫、無目的地浪費。

做好家庭預算

做好家庭預算，有計畫地分配收入，可以保證你和你的家人充分享受快樂。預算是將家庭的收入有計畫地分成目標階段，用於不同的領域，正確的預算可以保證你的家庭生活在成功富足的同時，有其他的金錢去投資孩子的教育和全家的保險。

如果你沒有做過預算，從現在開始就要學習如何管理家庭錢財。作為妻子，幫助丈夫的一個重要方面就是要使家庭收入發揮出最大的效用。如果你的丈夫賺錢不少，但是用錢浪費，你就要幫助他管管錢包。如果他本來就節省，你可以在此基礎上鼓勵他，為他增加信心。

在進行家庭理財時，你可以參考一些書報的建議，例如：怎樣烹調有營養而價格低廉的餐點，也可以將剩餘的錢去找一些投資專家做一些短期穩定的投資。

但是，不可以依賴任何媒體上印好的預算計畫表，因為每個家庭的財務狀況都是不同的，你的家庭預算計畫必須是專門為自己家庭訂做的，因為沒有其他的家庭會和你的家庭完全相同，你的經濟問題也是與別人不一樣的。

記錄開銷

記錄家庭的開銷是為了更好地做好家庭預算。因為你只有在對家庭的收支狀況有所瞭解的情況下，才可以知道哪些花銷是必不可少的，哪些花銷是可有可無的，哪些花銷是浪費的，進而為將來的合理理財做好基礎。

例如：有一對美國夫妻，當他們開始記錄自己的家庭花費以後，很驚訝地發現他們每個月有七十美元用在買酒上。可是，他們不是酒鬼，只是一對熱情的夫婦，很歡迎自己的朋友在興致好的時候「到家裡來喝一杯」。為此，他們做了一個明智的決定：不能再開免費的酒吧，而是把七十美元用在戶外運動上。

預算開銷

作為一個會理財的家庭主婦，首先要把這一年裡固定的開銷列出來，例如：食物預算、水電費、保險金，然後再列出其他的必要開銷，例如：醫藥費、教育費、交通費、交際費。

每個人都知道，這不是一件容易的事情，作為一個妻子，在擬定計畫時需要決心，需要照顧到每個家庭成員的要求，有時候還需要自己擁有嚴謹的自制力。作為女人，天生就有一種購買欲，所以制定和執行家庭計畫對她們來說是一種嚴峻的考驗，因為她們想擁有的東西太多了，如果有了計畫後就要進行權衡。

例如：自己是否願意為擁有一個健康的家而放棄買一件自己心儀已久的大衣而去買一台跑步機；是否願意為了給丈夫帶來方便而放棄自己計畫很久的外出旅遊，為丈夫買一輛家庭型轎車。

這些決定必須由你和你的家人來做，因為預算開銷是固定的。

做好固定儲蓄

一個善於理財的女人在預算出固定和必需的開銷以外，通常會把收入的一〇%儲蓄起來，或是拿去投資。

有經驗的財務專家曾經說，如果你可以節省家庭收入的一〇%，即使每年物價都上漲，幾年後你還是可以獲得舒適的物質生活。

羅斯太太是一個頑固、保守的新英格蘭人，她寧願在中央車站廣場脫光衣服，也不願意放棄每年節省家庭收入一〇%的計畫。在經濟不景氣的那幾年，她們一家可真是吃夠了苦頭，她先生的薪水減了將近一半。為此，她買日用品時，必須想盡辦法節省每一毛錢。她的丈夫也要每天步行二十多條街以省下公共汽車費。但是，節省一〇%家庭收入的老習慣卻保持下來。這個好習慣讓羅斯一家在幾年以後過上比別人家相對寬裕的生活。

每當談到這個好習慣時，羅斯太太都會驕傲地說：「有時候，當我們非常需要錢的時候，我十分後悔還要把錢放在一邊。但是，我現在很高興我們維持儲蓄計畫。節約的結果使我們到中年時擁有自己的大房子，並且開始享受舒適的生活。」

備足意外用資金

有經驗的妻子在進行家庭理財時，經常會聽從權威人士的意見，至少有一到三個月的收入用於應對緊要事件。

但是在實際操作中，一些妻子尤其是喜歡儲蓄的妻子經常會發現這是一件很困難的事情，由於經常會有想不到的事情發生，存下錢用於此種目的的機會很少。

因此，理財有道的妻子們不再斷斷續續地隔幾個星期才一次存幾百元，而是每個星期固定地存下兩百元，因為這樣的效果更好。

為家庭保險

為家庭中的每個人買保險是聰明妻子的又一理財之道，因為她們知道保險不僅是經濟上的投資，更表現出自己對丈夫、孩子的關愛，保險會帶給家庭更多的安寧、幸福與利益。

著名的人壽保險專家在談到家庭保險時，一般都會要求妻子們回答以下的問題：

一、你的家庭可以得到的利益有哪些？

二、一次付款和分期付款有什麼不同？各自的優劣表現在什麼地方？

三、付款的方法有幾種選擇？

四、人壽保險的雙重作用是什麼？

家庭裡的每個成員都應該知道這些問題，因為無論誰發生意外，懂得有關人壽保險的知識，可以解除家庭的困難和憂慮。

卡內基夫人
做個最有
吸引力的女人。

著名作家愛得生和瑪麗・南丘斯在他們的著作《建立成功的婚姻》中曾經談到，家庭收入的花費經常是婚姻生活中必須調節、適應的主要地方。

所以，聰明的女人要使自己變成理財高手，就要好好處理家庭收入，以便激勵丈夫去賺更多的錢。

一第三十四章一

注意丈夫的健康

我從來不讓丈夫吃過多的油膩食物，
他的健康是我和孩子幸福生活的保證。——瓊安・洛佩茲

The Most Attractive Woman in The World
Dorothy Carnegie

聰明的妻子從來不會賴床，因為她們要保證丈夫可以吃上一頓不慌不忙的營養早餐。

她們明白，只有擁有好身體，才有幸福的未來。

科學飲食

根據健康專家研究指出，只要不斷地給丈夫吃油膩多脂和高澱粉的食物，使他的體重超標十五％～二五％，你就達到「謀殺親夫」的目的。

大多數男人隨著年齡的增加，活動會越來越少，體重會越來越重，隨著堆積在丈夫身上的脂肪增多，各種疾病也會隨之而來，嚴重影響他們的健康和工作狀態。因此，聰明的妻子會讓丈夫養成良好科學的飲食習慣，以保持他們的健康生活。一般來說，科學的飲食習慣應該從以下幾個方面入手：

一、每天攝取熱量一千～一千五百卡路里的食物，並且固定補充礦物質與維生素，以維持身體健康。

二、改變用餐時的順序，先喝湯，再吃蔬菜類的食物，肉類食物和米飯最後再吃，因為先吃熱量低的食物，可以減少對高熱量食物的食欲。

三、每餐只吃七分飽，不要吃到撐了還不停口，最好採取少食多餐的飲食習慣。

四、吃完飯以後，不要急著躺下來休息，稍微活動一下，可以讓脂肪在尚未儲存前就先消耗掉。

五、減少油脂的食用量，油類中含有大量脂肪，脂肪所含熱量是蛋白質和糖類的兩倍以上。

六、口渴的時候，只喝白開水，汽水和可樂中含有高熱量，盡量避免飲用。多喝白開水，可以促進新陳代謝，幫助熱量的消耗。

七、富含高熱量的食品，像巧克力、蛋糕、油炸食物，不輕易食用。

只要針對食物的不同特性，遠離油脂類的高熱量食物，多吃含有豐富纖維質或低熱量的食物，就可以不用忍受飢餓之苦，並且維持自己的體重在適當程度。

因此，聰明的妻子在保持丈夫的身體健康時，可以參照上述的科學飲食習慣，讓丈夫只增精神，不增體重。

注意丈夫的體重

男人到了一定年齡以後，如果不做運動，體重會只增不減，進而引起肥胖症及其帶來的綜合症。當你丈夫的體重超標一%的時候，就要引起注意了。

作為妻子，不能諷刺丈夫的肥胖，更不能讓他們自行減肥，或是服用大量的減肥藥。在使用任何減肥方法以前，一定要遵從醫囑。

為了配合醫師的處方，作為妻子，你要盡量給丈夫做低脂肪、低熱量、美味可口的食物。流行於歐美的「天然衛生法」很值得借鑑。這種方法強調：「飲食正確為健康之本」，「腸胃健康是身體強壯之本」。同時也認為：人類的一切疾病皆由體內的毒素引起。事實上，這些毒素的來源就是不正確的飲食、空氣的汙染、壓力造成的內分泌失調及不正確心態引起的荷爾蒙紊亂，因而滌清我們體內毒素的最佳方法就是每天多吃一些天然而富含水分的食物。植物中有多種富含水分的食物，如水果、蔬菜，它們可以提供我們豐富的水分和維生素及排毒的物質。

因此，妻子可適當地讓丈夫多吃一些水果、蔬菜等富含水分和維生素的食物，以減輕丈夫的體重。

讓丈夫得到充分休息

當你的丈夫整天疲於為向上爬而奔波時，他所面對的壓力、緊張和過度操勞，可能會使他短壽。所以，當升遷或賺錢的代價是丈夫的早死，作為聰明的妻子應該積極勸說他放棄這樣的機會。如果他對自己的鞭策太嚴格，你就應該鼓勵他滿足於稍低一層的成就，因為你的態度對他具有決定性的作用。

注意丈夫的健康，讓丈夫可以得到充分的休息，不能讓他們感到疲倦，短暫的放鬆可以收到意想不到的效果。

適時的小憩可以使人的生命延長，例如：美國軍隊每行軍一個小時，就要強迫士兵們休息十分鐘。小說家威廉·毛姆七十歲的時候仍然精力充沛，也得益於每天午飯後的十五分鐘小睡。

所以，如果你的丈夫每天回家吃午餐，在他回去工作前，讓他躺下來休息十～十五分鐘；鼓勵他在晚餐以前小睡片刻，這些都可以使他精力更充沛，生命更長久。

如果你的丈夫有失眠的毛病，千萬不可掉以輕心。充足的睡眠是保持一個人身體健康的最基本條件。當你的丈夫陷入失眠的痛苦中時，除了求助於醫生外，還可以採用心理暗示法。

大衛‧哈羅‧芬克博士在他的著作《消除神經緊張》一書中，曾經提出治療失眠的最好方法就是和自己的身體交談。芬克博士認為，語言是一切催眠法的關鍵，如果你一直沒有辦法入睡，那是因為你使自己得了失眠症，唯一的解決方法就是你要從這種失眠狀態中解脫出來，為此，你可以向你的肌肉說：「放鬆、放鬆……放鬆所有的緊張。」

此外，治療失眠還可以參考以下三種方法：

一、如果睡不著，就直接起來工作或看書，直到睏得不行為止。

二、不要為失眠而煩惱，進而造成心理壓力，因為從來沒有人因為缺乏睡眠而死，為失眠憂慮對人的損害通常會比失眠本身更嚴重。

三、多參加運動，這樣會讓你因為體力勞累而提高睡眠的品質。

讓丈夫保持精神愉快

如果丈夫在回到家以後迎接他的是妻子喋喋不休的嘮叨和抱怨，長此以往會對丈夫的身心造成極大地損害。丈夫也會因此變得憂慮、暴躁、精神抑鬱、緊張，其結果很可能導致丈夫暴飲暴食或是精神不集中，對其身體造成嚴重的傷害。

康乃爾大學的哈利・古德博士曾經說：「人們在不快樂的時候，或是為了從壓抑或緊張中得到解脫，他們通常會大吃一頓。」

所以，聰明的妻子應該為丈夫營造一種愉快、溫馨的生活氛圍，讓丈夫的精神在家中可以得到徹底放鬆，這對注意丈夫的健康是至關重要的。

一第三十五章一

每天都要增加愛情的深度

那些生活中沒有爭吵的人，很少可以經歷最大的快樂。

彼此互相原諒，這是愛裡最溫柔的部分。——約翰・涅菲爾許多女人遇到危機的時候，都可以應付自如，但遺憾的是，她們經常忘記每天帶給丈夫最渴望的愛情麵包。

愛的力量

愛是人類的精神食糧，我們靠著它生存和成長。如果沒有愛，我們的道德心就會扭曲變質。美國男孩湯姆，在他十九歲的年輕歷程中，有十年以上的時間是在孤兒院、監獄、感化院度過的。他說：「我最需要的就是有人來愛我，但是從來沒有人愛我或要我。在我十六歲以前，我從來沒有得到一件聖誕禮物。」這些缺乏情感的孩子為了彌補這種情感空虛，經常會去犯罪，這就像一個餓昏了的人，當他找不到食物的時候，即使有害身體的食物也會吞下肚去。

夫妻之間的愛情同樣如此，愛的力量無與倫比，愛情在每天都可以創造出奇蹟。你與你丈夫之間的愛情是他工作生活的原動力，因為如果你們真心相愛，就會甘心為彼此盡力去做每件事情，使對方快樂。

其實，在享受夫妻之間的愛情時，這種愛的好情緒也會使子女更幸福。美國家庭關係協會會長保羅・柏派諾博士在全國教師家長聯盟會上演講的時候曾經說：「教師家長聯誼會如果願意在年會裡完全不談小孩子的事情，討論如何使丈夫和妻子更相愛，也許會對小孩子的幸福有更大的貢獻！」

說出你的愛

在現實生活中，女人在面對丈夫失業、罹患絕症或是被關進監獄的時候，可以像高山上的岩石一樣堅強，鼓勵和幫助丈夫度過難關。但是，當生活進入穩定而平淡的常態時，很多女人就會忘記告訴自己的丈夫她們是多麼地愛他們，他們在自己的心目中是何等的重要。

曾經有人把夫妻之間冷淡的愛情叫做「精神食糧不足」，尤其對男人來說，這是一個很適當的比喻。因為男人不是只吃飽就活得下去的，有時候他們也需要一塊愛的蛋糕，最好在上面再撒些蜜糖。

正如著名婚姻關係專家桃樂絲・迪克斯所說：「妻子們總是抱怨，她們的丈夫對自己的存在視而不見，從來不會讚美她們，注意她們身上所穿的衣服，不給她們明確的愛的表示。但是，這些女人對待她們丈夫的態度也同樣是冷淡的，她們會對丈夫去追求其他女人迷惑不解，不知道這些女人正是懂得稱讚他們英俊、雄偉、健壯、迷人的人。可見，愛情的飽渴不是女人專有的一種疾病，男人也會罹患這種疾病。」

聰明的妻子要明白，現代有九〇%的男人結婚是為了延續他們的愛情，所以繼續給愛情加溫，才可以從丈夫那裡得到更多的注意力。

溫暖你的愛情

我的朋友是一個單身漢，在聊到為愛情加溫的時候，他是這樣說的：「我從經驗中發現，女人不能兼顧愛情和打理好家務。你看到某個家庭過於乾淨整齊的時候，這個家庭的夫妻之間的愛情可能已經像他們機械化的家庭那樣也變得麻木。從來沒有一個可以經常用愛情溫暖丈夫的妻子可以做一個完美的家庭主婦。」

我這個朋友的話雖然有些誇大，但是也不無道理，尤其是對那些只看見樹木而忽略整座森林的妻子。

聰明的妻子不會過分注重細節，不會讓小事攪得家裡不安寧，她們會適時地閉上自己的一隻眼睛，專心地溫暖她們的愛情。

表現出寬容

一般來說，只有互相深愛的人才可以結婚，才會共同憧憬美好的未來。許多妻子願意為丈夫做出各種犧牲，但是經常為一些小事而耿耿於懷，例如：嫉妒丈夫從前的女朋友。

如果你的丈夫無意間提及他今天遇見了他以前的女朋友時，你不要刻薄地說：「噢，就是那個喜歡穿真絲，牛排只要四分熟，說話怪裡怪氣的女孩吧！」這樣會讓你的丈夫覺得你心胸狹窄，容易嫉妒。

聰明的妻子會盡量去找一些她身上的優點去讚美，如果想不出來，她們也會順口編出一些，以表現自己的寬容大度。

對丈夫也要言謝

每個人都有被尊重的願望，丈夫也不例外。當他們在結婚以後，陪妻子去看電影，不在節日就送花，甚至每天早晨替妻子倒垃圾時，他們都期望得到妻子的讚揚和感謝。如果妻子對丈夫做的事情都視為理所當然而不加以致謝，就會挫傷丈夫取悅妻子的行為。

現實生活中，丈夫每天都在為妻子和家裡服務，許多妻子沒有察覺是因為她們對丈夫的這些行為早已習以為常。

我有一個朋友經常抱怨她的丈夫什麼也不幫她，既不會給小孩換尿布，也不會擰緊鬆掉的水龍頭。可是有一次，她的丈夫去歐洲出差，她很驚訝地發現，她的丈夫每天為她做了許多瑣事，這一走才發現她丈夫的「價值」，她卻沒有為此向丈夫表示過一次感謝。

所以，聰明的妻子要珍惜和鼓勵丈夫的任何一個微小的幫助，並且經常表示感謝，這樣才可以讓丈夫「越戰越勇」，愛情的溫度也才會越來越高。

互敬互愛

夫妻之間貴在互敬互愛，夫妻雙方都要瞭解對方的生活習慣，不能每天都在丈夫想要換上拖鞋休息時，自己卻急匆匆出門，保持夫妻之間的愛情溫度就要相親相愛，互敬互憐。

正如妻子對丈夫會表示感謝一樣，丈夫對妻子的愛也不會無動於衷。安格斯就是其中一位代表，在談到他的妻子時，他說：「很可能是因為我要了這個女孩，所以才會比大多數的男人更幸福，我可以給她的最大讚賞就是對她說，如果我可以回到三十二年前，而且瞭解我現在瞭解的事情，我仍然願意再和她結婚——只要她願意再嫁我！我所獲得的任何成功都直接來自於這位可愛妻子的陪伴。」

可見，如果你的丈夫可以從你深摯的愛情中得到幸福和安心，他帶給你高標準、高舒適生活的機會也會大大增加。

第三十六章

「性」福帶來幸福

婚姻生活的不美滿，絕大多數可以歸咎於性生活的不和諧，只有最差勁的精神病學家才會否認這種說法。——漢彌爾頓

「性」是人類生活中最重要的一件事情，在婚姻生活中，促使大多數男女生活觸礁的也是這件事情。

「性」福鞏固婚姻基礎

獲得「性」福是男女結婚、步入婚姻生活的一個主要目的。「性」福當然不是讓夫妻雙方追求荒淫無度的生活，而是在雙方結合時感到安全滿足，看到生活的美好和希望。

如果你和丈夫之間性生活不和諧，要立刻進行調整，不可以因為不好意思而羞於啟齒，讓事情惡化甚至導致婚姻破裂。作為妻子，如果你不好直接開口，可以給丈夫做一些暗示，或是借閱一些相關書籍放在丈夫的書桌上，聰明的他自然會明白。其實，夫妻之間可以坦誠直言，尤其是現代社會的發展，讓人們對「性」的話題不再避諱，這是一個夫妻之間再正常不過的事情。

所以，面對夫妻之間的性生活，雙方不必為此尷尬、憂愁。要把性生活作為夫妻生活的一個重要組成部分，給予足夠的重視。不和諧的時候，要想辦法讓雙方變得和諧愉快；和諧時也要不斷「精益求精」，讓雙方獲得更大的滿足感和安全感。因為夫妻之間的「性」福是夯實婚姻的基礎，是維繫夫妻雙方愛情的重要紐帶。

「性」福讓婚姻延續

美國某知名公司的企業代表漢克先生與心儀的女人步入婚姻殿堂以後，雙方的婚姻生活卻陷入危機。從蜜月旅行開始他們的婚姻就令人失望，但是為了各自的面子，他們的婚姻就在這種情況下維繫了兩年，直到漢克先生讀到《理想婚姻》這本書。

這本書由韋爾迪博士撰寫，主要內容都是描寫婚姻生活中有關「性」的知識，這本書言簡意賅，但卻不粗俗，閱讀完這本書後讓漢克大喜，同時也把這本書推薦給了妻子。正是這本書使他們這個瀕於破裂的婚姻變得既快樂又幸福。為此，漢克先生不止一次地對朋友們說：「如果我有一百萬美元，我會將那本書的版權買下，印它幾百萬冊，免費送給所有的夫妻。」

漢彌爾頓博士也在他的著作《婚姻的毛病何在》中說：「婚姻生活的不美滿，絕大多數可以歸咎於性生活的不和諧，只有最差勁的精神病學家才會否認這種說法。從任何角度來看，如果性關係本身已經獲得滿足，其他婚姻生活上的不美滿都好商量。」

可見，「性」生活對婚姻生活的重要作用。

一第三十七章一

舉案齊眉，相敬如賓

幸福婚姻的前提是：各自努力去滿足對方的需要，
但是完全滿足是不可能的，因此也應該學會明智地承認現實。
——奧斯本

殷勤有禮對於婚姻，就像機油對於馬達一樣重要。但願太太們對待她們的丈夫就像對待陌生人一樣有禮。如果女人像一個「母老虎」，任何男人都會跑掉。

家庭是汽車，禮貌是汽油

美國演說家布萊恩的夫人達姆羅許曾經這樣說：「我們選擇自己的伴侶時，必須審慎小心；其次就是婚後，要注意彼此的禮貌。年輕的妻子們，不妨就像對待一位客人一樣，溫婉有禮地對待自己的丈夫。任何丈夫，都怕自己的妻子是一個罵街的潑婦。」

無禮、粗暴，都會摧毀愛情的果實。這個事實我相信誰都知道，可是我們對待一位客人，總是比對待自己家人有禮貌得多，這也是當然的。

我們絕對不至於突然插嘴對一位客人說：「老天！你又在說那些陳腔濫調的老故事！」

「有一種內在的禮貌，它是和愛聯繫在一起的，它會在行為的外表上產生出最令人愉快的禮貌。」歌德這樣說。

我們絕對不會尚未獲得別人的許可，就拆閱別人的信件。同時，我們也不會窺探別人的隱私、秘密。可是，當我們面對最親密的家人時，只要發現到他們有一絲的過錯，就會公然斥責，侮辱他們。讓我們來看看迪克斯的話吧：「那是一件令人驚詫的事情，可是那卻是事實。我們說出的那些刻薄、侮辱、傷感情的話，差不多都是用來針對家人的。」

瑞斯諾說：「禮貌是內心的一種特質，它可以讓人們忽略破舊的園門，專心注意到園內的好花。」

禮貌在人們婚後的生活中，就像汽車離不開汽油一樣重要。

賀爾姆對家裡的人，體貼諒解，無微不至。他即使心裡有不愉快的事情，也一定把自己的憂煩藏起，不從自己臉上顯現出來讓家裡的人知道。

賀爾姆可以做到這一點，可是一般人又會怎麼做？一般人若是犯了錯誤，遇到不愉快的事情，辦砸了生意，被老闆批評了幾句的時候，就巴不得趕快回家，把從辦公室裡受到的那股「窩囊氣」，發洩到家人的身上。

把煩惱扔在家門外

荷蘭人有一種風俗，人們進屋子前，把鞋子脫在門外面。我們可以向荷蘭人學習他們這個良好的習慣。回家進門以前，把一天遇到不如意的事情扔到門外，然後開門進去。

詹姆斯曾經寫過一篇文章，題名為「人類的某種愚蠢」。他在文章裡這樣寫道：「本文現在所要講的，是人類的盲目愚蠢。每當我們遇到與自己感受不同的人時，我們總會感到有種無謂的煩惱在困擾著我們。」

每個人都有這種盲目的愚蠢。有很多男士，他們不會對顧客或是同事聲色俱厲地說話，可是會毫不考慮地向他們的太太發威。

如果某個人可以靜下心來，為自己和家庭的幸福考慮，他也就應該知道，婚姻遠比他們的事業更重要。一個獲得美滿婚姻的人，遠比一個孤獨的天才更為幸福、快樂。小說家托琴尼夫備受人們的敬仰，可是他卻這樣說：「我寧願放棄我懷有的天賦和我的著作，來換取在某個未知的地方，有一個女人，她真誠地關心我是否可以早點回家吃晚飯。」

獲得幸福婚姻的機會究竟有多少？迪克斯女士這樣表示說，她認為婚姻失敗的比例，要佔多數。可是鮑賓諾的意見卻並非如此，他說：「一個人在婚姻上成功的機會，比在其他任何事業上的成功機會要大得多。一個開雜貨店的男人，失敗的機率要佔到七〇％；可是走入婚姻的男女，總有七〇％是成功的。」

關於婚姻的問題，迪克斯女士有以下這個結論：「如果與婚姻比較，人類的出生，只是短暫的一幕，至於死亡，更不是一件重要的事情。」

女人始終無法瞭解：為什麼男人不把家庭也看作一項事業，他們為什麼不努力使這項事業蒸蒸日上，進而建立一個甜蜜、美滿的家庭？

雖然有相當部分的男士們，認為娶到一個滿意的妻子和有一個美滿的家庭，比獲得億萬財富還重要。可是在一般男士心目中，很少有人會對自己的婚姻投注滿腔的心血，他們也不願意為之付出努力，以期獲得他們婚姻的成功。他們把一生中最重要的事情，孤注一擲在機會上。他們認為成功或失敗，那是要看運氣如何！女人們永遠不明白，為什麼那些男士們，從來不把那些外交手腕用到他們的妻子身上？要知道，如果他們不再用欺壓的手段，而是採取寬容政策，他們婚姻的成功率就會大大提高。

每個男人都知道，他可以毫無目的地差遣自己的妻子做事。如果他知道稱讚太太幾句，稱讚她是能幹的主婦，她必定會盡她的本分，進而把事情做得盡善盡美。如果有一個做丈夫的，讚美他的太太去年做的那套衣服多麼美麗，她絕對不會打算今年再訂做一套巴黎新式的時裝。

卡內基夫人
做個最有
吸引力的女人。

每個男人都知道，他們可以把妻子的眼睛吻得閉了起來，直到她盲如蝙蝠；只要在她的唇上熱情地一吻，就可以使她啞如蚌蠣。

每個妻子都知道，丈夫有能力僅憑幾句稱讚的話，就可以使自己笑口常開。可是面對冷漠的丈夫，妻子們經常不知所措，她們不知道是應該敬愛他，還是要去討厭他。因為他寧願在和妻子吵鬧後，耗費些錢，去替她買新衣、新車、珠寶等東西，也不願意奉承她幾句。他不願意滿足她的需要，不願意溫柔體貼地對待她。

第三十八章
用忙碌排解生活憂慮

忙碌的人沒有掉眼淚的時間。

——英國諺語

The Most Attractive Woman in The World

Dorothy Carnegie

在圖書館和實驗室從事研究工作的人，很少因為憂慮而精神崩潰，因為他們沒有時間去享受這種「奢侈」。

沒有時間去憂慮

有一個叫馬利安·道格拉斯的學生說，他家裡曾遭受過兩次不幸。第一次他失去可愛的孩子——他五歲的女兒，當時他和妻子都認為這將是他們一生中最痛苦的事情。更不幸的是，四個月以後，他們的第二個女兒也夭折了——她僅僅活了五天。接二連三的打擊，讓他們無法承受：

我睡不著覺，吃不下飯，無法休息和放鬆，我的精神頹喪，信心喪失殆盡。安眠藥和旅行也不再有任何作用，我的身體好像被夾在一把鉗子裡，這把鉗子越夾越緊。感謝上帝，我還有一個四歲的兒子，是他教會我如何去解決問題。一天下午，正當我坐在地上發呆時，他問我能不能給他造一條船。我實在提不起興趣，可是這個小傢伙很纏人，最後我只得依了他。

造那條玩具船大約耗費了我三個小時，等到做好我才發現，在那三個小時裡，我這麼多天來第一次完全放鬆了。這個發現讓我醒悟過來，幾個月來，我終於可以冷靜下來思考。我明白了，如果我使自己忙碌起來，就很難再有空閒去憂慮。對我來說，造船這件小事把我的憂慮情緒趕跑了，因此我決定讓自己忙碌起來。

第二天晚上，我巡視每個房間，把所有應該做的事情列成一張單子，書架、樓梯、窗簾、門把、門鎖、漏水的龍頭等許多東西都需要修理。兩個星期內，我列出兩百四十二件需要做的事情。

在過去的兩年裡，那些事情大多數已經完成。此外，我也使我的生活裡充滿啟發性的活動：每個禮拜，有兩個晚上我到紐約市參加成人教育班，並且參加一些小鎮上的活動。我現在是校董會的主席，參加許多會議，並且協助十字會和其他的機構募捐，我現在簡直忙得不可開交，因而沒有時間去憂慮。

柯特林先生一直是通用公司的副總裁，負責世界知名的通用汽車研究公司，可是當年他卻窮得要用堆稻草的穀倉做實驗室，家裡的開銷全靠他妻子教鋼琴所得的一千五百美元酬金維持。當有人問他妻子在那段時間是不是很焦慮，她回答：「是的，我擔心得睡不著覺。可是柯特林卻一點也不擔心，他整天埋頭工作，沒有時間憂慮。」

讓自己沉浸在充實的工作中

偉大的科學家巴斯特曾經說：「在圖書館和實驗室可以找到平靜。」因為在那裡，人們都埋頭工作，不會為自己擔憂。做研究工作的人很少有精神崩潰的，因為他們沒有時間來享受奢侈。

心理學有一條最基本的定理：無論一個人多聰明，都不可能在同一時間內想一件以上的事情。如果你不相信，請靠坐在椅子上閉起雙眼，試著同時去想自由女神像的維修問題和你明天早上準備要做的事情。

你會發現，你只能輪流想其中一件事情，不能同時想兩件事情，你的情感也是如此。我們不可能既激動地計畫明天的事情，同時又因為擔憂而打算延遲這個計畫。一種感覺會把另一種感覺排出大腦。這個簡單的發現卻使軍隊中的心理治療專家在戰爭中創造奇蹟。

一些從戰場上退下來的戰士經常患有「心理上的精神衰弱症」，軍醫就用「讓他們忙碌」來治療。除了睡覺以外，他們的每一分鐘都十分充實：釣魚、打獵、打球、拍照、種花以及跳舞，根本不讓他們有時間去回想那些可怕的經歷。

「職業性的治療」是近代心理醫生所用的名詞，也就是把工作當作治病的手段。其實早在五百年前，古希臘的醫生已經採取這種方法來治療精神上有問題的病人。

在富蘭克林時代，費城教友會也用這種辦法治療精神疾病。一七七四年，有一位先生去參觀教友會的療養院，驚訝地發現那些精神病人們正在紡紗織布。這位先生認為病人是在被迫勞動，但後來教友會的人向他解釋說，他們發現那些病人只有在工作時，病情才可以真正有所好轉，因為工作可以安定神經。

著名詩人亨利・朗費羅的妻子不幸因為燒傷而去世，他幾乎發瘋了，幸好他還有三個幼小的孩子需要照料。他父兼母職，帶孩子們去散步，給他們講故事，和他們一起嬉戲，並且把他們父子之間的感情記載在《孩子們的時間》一詩裡。

此外的閒暇時間裡，他還翻譯了但丁的《神曲》。忙碌的生活使他重新得到思想上的平靜，就像班尼生在他最好的朋友亞瑟・哈蘭過世的時候曾經說過的那樣：「我一定要讓自己沉浸在工作裡，否則我就會陷入無休止的絕望中。」

對大多數人來說，在做日常工作，忙得團團轉的時候，大腦沒有多餘的地方來盛放「憂慮」。但是下班之後——就在我們可以自由自在地享受悠閒和快樂的時候——憂慮這個惡魔就會開始向我們進攻。這個時候，我們經常自尋煩惱：我都有什麼成就、我的工作有沒有步入正軌、主管今天說的那句話是否有「特殊含義」，甚至會為自己的脫髮而感到煩躁不安。

空閒的時候，大腦就處於一個「真空」狀態。每個學物理的學生都知道，「自然界中沒有真空狀態」。燈泡如果被打破，空氣就立刻鑽進去，去填充在理論上說是真空的那一塊地方。

你的頭腦空閒下來的時候，也一樣會有東西填充進去。填充物是什麼？通常是你的思想。為什麼？因為憂慮、懼怕、憎恨、嫉妒和羨慕等情緒都是由思想所控制的，它們會把思想中所有平靜的、快樂的思想和情緒都趕出去。

馬歇爾是哥倫比亞師範學院教育學系的教授，他這樣說：「憂慮最會傷害你的時候不是在你有所行動的時候，而是在一天的工作結束以後。這個時候，你的思維因為疲倦而變得混亂，每個錯誤都會被你無限地誇大。你的思想就像一輛沒有裝貨的車子，橫衝直撞，直至把你自己也撞成碎片。消除憂慮的最好方法就是讓自己忙碌起來，做一些有意義的事情。」

其實，每個人都明白這個道理，也可以把它付諸實踐。第二次世界大戰時期，住在芝加哥的一對夫婦他們的兒子在珍珠港事件的第二天參加陸軍，這位夫人因為過於擔心的緣故，幾乎病倒在床。

有人問她後來怎麼克服憂慮，她回答：「我讓自己忙著。」最初她把女傭辭退，想讓自己忙於家務，可是沒有什麼效果。「我做家務基本上是機械勞動，完全不用腦子。因此，我需要一個新工作，可以讓我全心全意地投入。於是，我在一家百貨公司當了售貨員。」「出乎意料的是，」那位夫人接著說，「顧客擠在我四周，不停地向我詢問關於價錢、尺寸、顏色等方面的問題，我的大腦沒有一秒鐘的空閒，自然也不會再去擔心。等到晚上，我只想著如何才可以讓雙腳充分休息。每天吃過晚飯以後，我倒頭便睡，既沒有時間，也沒有體力再去憂慮。」

約翰・庫伯・波厄斯在《忘記不愉快的藝術》一書中說：「舒適的安全感、內在的寧靜，都可以使人在專心工作時擁有良好的精神狀態。」

世界上最著名的女冒險家奧莎・琳達是一個傳奇性的人物。她十五歲結婚，二十五年來，她與丈夫一起環遊世界各地，拍攝亞洲和非洲逐漸絕跡的野生動物的影片。九年前，他們回到美國，到處做旅行演講，放映他們所拍攝的電影。然而，他們在飛往西海岸時，飛機撞到山上，她的丈夫當場死亡，她被宣布終生不能再下床。可是五個月以後，她卻坐在輪椅上發表演講。當問她為什麼這樣做的時候，她說：「我之所以這樣做，是讓我沒有時間再去悲傷。」

海軍上將拜德在覆蓋著冰雪的南極小屋裡單獨住了五個月，方圓百里之內，除了他，沒有其他的生物。天氣寒冷，連呼吸似乎也要被凍結了。在《孤寂》一書中，他描述了在那既難熬又可怕的黑暗裡所過的五個月的生活，他必須隨時忙碌才不至於發瘋。

他說：「晚上熄燈之前，我就安排好第二天的工作。比如：花一個小時的時間去檢查逃生的隧道，花半個小時的時間去挖坑，花兩個小時的時間去修拖人用的雪橇……把時間分開安排是非常有益的。它可以使我產生一種主宰自我的感覺，否則生活就會變得沒有目的。如果我失去生活的目的，我的身心遲早會分成兩半。」

前哈佛大學醫學院教授理查・卡伯特在他的《生活的條件》中指出：「作為醫生，我很高興看到工作可以治癒病人。很多人都染上那種由於過分恐懼、遲疑、躊躇所帶來的病症，工作可以帶給人們戰勝心理疾病的勇氣。」

如果你每日閒坐著發呆，就會產生一大堆被達爾文稱為「胡思亂想」的東西，這些「胡思亂想」的東西就像傳說中的妖精，會掏空你的思想，摧毀你的意志。

趕走「胡思亂想」的最佳方法

沙林傑夫人是一位沉穩文靜的婦女，她給人的印象是：她從未被憂慮困擾過。她怎麼排解憂慮？她是這樣回答的：

我的生活曾經差點被過度憂慮毀掉。在我學會克服憂慮情緒之前，我一直生活在自怨自艾的苦海中，度過十一年。那個時候，我的脾氣不好，很急躁，我的神經總是高度緊張，如同拉滿了的弓弦。就連上街購物時，我都免不了憂心——廚房的煤氣管道會不會漏氣；爐灶是否關好了；不會把房子燒掉吧；傭人會不會攜款跑掉；孩子們在公園裡是否安全……我經常擔心得直冒冷汗，以至於衝出商店，跑回家去，看看一切是否安然無恙。因此，我的第一次婚姻也以失敗告終。

我的第二任丈夫是一位律師，他有很強的分析能力，從來不為瑣事煩惱。每當我緊張或焦慮的時候，他就對我說：「不要慌，好好地想一想，你真正擔心的到底是什麼？讓我們來分析機率，看看這種事情發生的可能性有多大。」

記得有一次，我們在新墨西哥州的公路上遇到了一場暴風雨。道路很滑，使得車子也難以控制。我想，我們一定會滑到路邊的溝裡，可是我的丈夫說：「我現在開得很慢，不會出事的。就算車子滑到溝裡，翻車的可能性也很小，我們不會受重傷的。」他鎮定的態度影響了我，使我慢慢平靜下來。

去年夏天，我們到山區露營，並且把帳篷紮在海拔七千英尺的高地上。一天晚上，我們再度遭遇了暴風雨，帳篷在大風中搖晃著，發出尖厲的聲音。我不禁想：帳篷要被吹垮了，要飛到天上去了。當時我真被嚇壞了，可是我的丈夫說：「親愛的，我們上山前問過這裡的印第安嚮導，他們已經在這裡住了六七十年，對這裡瞭若指掌，他們從沒聽說過這裡有帳篷被風吹跑的事故發生。因此，我們的帳篷被風吹走的機率很小。就算是真的被風吹跑了，我們也可以躲到其他的帳篷裡，因此你不用緊張。」我鬆了一口氣，安心地睡著了，那個晚上什麼意外也沒有發生。

根據機率來看，這種事情不會發生。這句話驅除我慣有的憂慮情緒，使我的生活變得十分平靜。

對丈夫說出你的心裡話

產生疲勞的另一個原因是煩悶。打字員溫蒂小姐工作一天之後，傍晚才回到家中。她腰酸背痛，疲憊不堪，沒有胃口，只想睡覺。正在這個時候，男朋友打電話邀請她去跳舞。頓時她的眼睛亮了，精神也振作起來了。她換上衣服，衝出門去，直到凌晨三點才回家。此時，她一點也不疲倦，正好相反，她興奮得睡不著覺。

看得出來，傍晚時分讓溫蒂小姐如此疲勞，是因為她對工作感到厭煩，這種厭倦的情緒甚至影響到了她的生活。

約瑟夫‧巴馬克博士在《心理學學報》上發表一篇報告，報告談到他的一次實驗：他安排一大群大學生參加一連串的實驗工作，這些工作都是他們不感興趣的。結果學生們都覺得疲倦，甚至是頭疼、眼睛疼，而且總是打瞌睡，脾氣也變得暴躁，甚至有幾個人表示自己的胃不舒服。透過給他們化驗得出結論，一個人煩悶的時候，他體內的血素和氧化作用會有所下降。但當一個人興趣盎然的時候，其新陳代謝作用就會加速。

當你在做一些有樂趣、令人興奮的工作時，就很少會有疲倦的感覺。

哥倫比亞大學的蒙德博士經過多次調查和實驗得出結論：「工作效率降低的真正原因是煩悶。」

傑洛米・肯恩的音樂喜劇《畫舫璇宮》中的主角曾經說：「可以做自己喜歡做的事情的人是最幸運的人，這是因為他們精力更充沛，快樂更多，憂慮和疲勞比較少。」

一個人興趣所在的地方，就是他能力所在的地方。

以下是一位打字員小姐的例子：她在奧克拉荷馬州托沙城的一個石油公司工作。每個月她都得做一件最乏味的工作，填寫石油銷售報表。她為了提高工作情緒，就想出一個方法，把它變成一項有趣的工作。這位打字員小姐是怎麼做的？她每天跟自己競賽。她統計出上午列印的數量，然後爭取在下午打破紀錄。再統計出第一天列印的總數，爭取在第二天打破紀錄。這樣一來，她的速度比別人快得多，而且有助於防止煩悶帶來的疲勞，她因此節省了體力和精力，在休息時間也得到很多的快樂。

以下是另一位打字員小姐的故事。她發現，假裝工作會使人得到很多的報償。她叫維莉・莎拉，家住伊利諾州。她在信上講述以下的故事：

我們辦公室一共有四位打字員，分別替幾個人打信件。我們經常因為工作量太多而加班。有一天，副經理堅持要我把一封長信重打一遍，我告訴他只要改一改就可以，不需要全部重打。可是他對我說，如果我不做，他就要雇用別人，我氣得要死，但是為了這個職位和薪水，我只好假裝願意重新打這封信。我發現，如果我假裝自己對工作有興趣，我的工作速度就會加快。這種工作態度使我受到大家的好評，後來一位主管請我去做私人秘書，因為他瞭解我樂於做一些額外的工作而從來不抱怨，心理狀態的轉變給我帶來好運。

維莉・莎拉小姐運用漢斯・威辛吉教授的「假裝」哲學，他教我們要「假裝」快樂。如果你「假裝」對工作有興趣，這種假裝就可以減少你的疲勞、憂慮和煩悶。

在多年以前，另一個年輕人在一家工廠做著無聊的工作。他覺得整天站在車床邊上加工螺絲釘非常乏味。他很想辭職，可是又怕找不到工作。

既然非得做這件枯燥的工作不可，就讓這件工作變得有趣味吧！下了這樣的決心後，他就和旁邊的一個工人展開了產量競賽。因此，他們的領班對他的生產速度和品質深為讚賞，不久就將他提升到一個高一級的職位。當然，這只是一連串升遷的開始。最後，這位工人——山姆・瓦克南成為包爾溫機車製造公司的董事長。

著名的無線電新聞分析家卡特斯曾經說過如何將一件枯燥的工作變得有趣。他二十二歲那年，在一艘橫渡大西洋運牲畜的船上工作，為船上運載的牲口餵水和飼料。賺了錢以後，他騎著自行車環遊全英國，並且去了法國。在到達巴黎時他的積蓄花光了，只得把隨身帶著的照相機當了，換了幾美元，並且在巴黎版的《紐約先驅報》上登了一個求職廣告，找到一份推銷立體觀測鏡的工作。

每天早晨給自己打氣，是不是一件很幼稚的事情？不是，這在心理學上是非常重要的。

很多年前，馬可・奧里略在他的《沉思錄》一書中寫道：「我們的生活就是由我們的思想創造的。」這句話在今天也同樣是真理。要不斷地提醒自己：如果你在工作上得不到快樂，你還可以從什麼地方得到快樂？要知道，你一天的大多數時間都花在工作上。如果你經常給自己打氣，培養自己對工作的興趣，你就會把疲勞降到最低限度，這也會有助於你事業的發展，並且給你帶來升遷的希望。即使沒有這樣的好處，至少在減少疲勞和消除憂慮之後，你可以更好地享受自己的閒暇時間。

心學堂 12

卡內基夫人
做個最有
吸引力的女人。

作者　桃樂絲・卡內基
譯者　逸凡
美術構成　騾賴耙工作室
封面設計　斐類設計工作室
發行人　羅清維
企劃執行　張緯倫、林義傑
責任行政　陳淑貞

企劃出版　海鷹文化
出版登記　行政院新聞局局版北市業字第780號
發行部　台北市信義區林口街54-4號1樓
電話　02-2727-3008
傳真　02-2727-0603
E-mail　seadove.book@msa.hinet.net

總經銷　知遠文化事業有限公司
地址　新北市深坑區北深路三段155巷25號5樓
電話　02-2664-8800
傳真　02-2664-8801
網址　www.booknews.com.tw

香港總經銷　和平圖書有限公司
地址　香港柴灣嘉業街12號百樂門大廈17樓
電話　（852）2804-6687
傳真　（852）2804-6409

CVS總代理　美璟文化有限公司
電話　02-2723-9968
E-mail　net@uth.com.tw

出版日期　2021年10月01日　一版一刷
定價　360元
郵政劃撥　18989626　戶名：海鴿文化出版圖書有限公司

國家圖書館出版品預行編目（CIP）資料

卡內基夫人 做個最有吸引力的女人 ／ 桃樂絲・卡內基作 ；
逸凡譯. -- 一版. -- 臺北市 ： 海鴿文化，2021.10
面 ； 公分. -- （心學堂；12）
ISBN 978-986-392-388-6（平裝）

1. 夫妻　2. 兩性關係

544.143　　110014149

SeaEagle